그림으로 배우는
데이터
베이스
Database

사카가미 코오다이 저·양성건 역

SE
SHOEISHA

YoungJin.com Y.
영진닷컴

그림으로 배우는
데이터베이스

図解まるわかりデータベースのしくみ
(Zukai Maruwakari Database no Shikumi: 6605-6)
© 2021 Kodai Sakagami.
Original Japanese edition published by SHOEISHA Co.,Ltd.
Korean translation rights arranged with SHOEISHA Co.,Ltd.
in care of JAPAN UNI AGENCY, INC. through KOREA COPYRIGHT CENTER.
Korean translation copyright © 2022 by YOUNGJIN.COM

ISBN 978-89-314-6692-8

독자님의 의견을 받습니다
이 책을 구입한 독자님은 영진닷컴의 가장 중요한 비평가이자 조언가입니다. 저희 책의 장점과 문제점이
무엇인지, 어떤 책이 출판되기를 바라는지, 책을 더욱 알차게 꾸밀 수 있는 아이디어가 있으면 이메일 또
는 우편으로 연락주시기 바랍니다. 의견을 주실 때에는 책 제목 및 독자님의 성함과 연락처(전화번호나
이메일)를 꼭 남겨 주시기 바랍니다. 독자님의 의견에 대해 바로 답변을 드리고, 또 독자님의 의견을 다음
책에 충분히 반영하도록 늘 노력하겠습니다.

주 소   서울시 금천구 가산디지털1로 128 STX-V타워 4층 영진닷컴 기획1팀
등 록   2007. 4. 27. 제16-4189호
이메일   support@youngjin.com

저자 사카가미 코오다이 | **역자** 양성건 | **책임** 김태경 | **진행** 최윤정
표지 디자인 임정원 | **본문 디자인** 이경숙 | **영업** 박준용, 임용수, 김도현
마케팅 이승희, 김근주, 조민영, 김도연, 채승희, 김민지, 임해나, 이다은
제작 황장협 | **인쇄** 제이엠

시작하며

컴퓨터나 인터넷이 보급된 현대 사회에 있어서, 우리는 많은 정보에 의지하여 편리한 생활을 보낼 수 있게 되었습니다. 평소에 의식하지는 않지만 조금만 주위를 둘러봐도 SNS나 메시지 앱, 기차 시간, 근태 시스템에 기록되는 시간, 지도 앱에서 나오는 음식점 정보, 스마트폰으로 전달되는 일정계획, 인터넷으로 쇼핑할 때의 상품 정보 등 많은 정보를 제공받으며 생활하고 있는 것을 알 수 있습니다.

그리고 이러한 정보들은 오늘도 세계 여러 곳에서 계속 증가하고 있습니다. 이러한 방대한 정보는 어디에 어떻게 저장되어 있는 것일까요? 그리고 내가 이러한 대용량 정보를 직접 취급해야 한다면 어떻게 해야 좋을까요? 이러한 문제를 해결하기 위한 핵심 기술이 데이터베이스입니다.

이 책에서는 다음과 같이 데이터베이스를 취급함에 있어 처음부터 알아 두어야 하는 내용을 기술하고 있습니다.

- ◆ 데이터베이스의 기초지식
- ◆ 데이터베이스를 조작하는 방법
- ◆ 시스템을 설계하는 지식
- ◆ 데이터베이스를 운용하는 지식

데이터베이스 기술은 향후에도 조금씩 진화해 가겠지만, 근본이 되는 기본적인 지식은 시스템 관리자나 설계자, 엔지니어에게 있어 장기적으로 도움을 줄 것입니다. 이 책이 그러한 이해에 도움이 되길 바라며, 지금부터 데이터베이스에 종사하는 분들이 선택하는 첫 번째 책으로 이 책이 활용될 수 있다면 감사하겠습니다.

사카가미 코오다이

역자의 말

아침에 눈을 떠서 휴대폰을 켜면 알림 메시지가 와있고, 쇼핑 사이트에 들어가면 내가 관심을 갖고 있는 상품들이 나타나는 등 언제 어디서나 나에게 필요하거나 내가 좋아하는 상품과 정보가 제공되는 세상입니다.

이러한 상황을 가능하도록 만드는 기술들 중의 하나가 데이터베이스인데, 요즘은 IOT 센싱 정보, SNS 등을 통해 수없이 많은 데이터가 쏟아져 나오고 있습니다. 이러한 데이터들을 효과적으로 관리하고 데이터들로부터 유용한 정보들을 뽑아서 경영이나 마케팅에 활용하고 있는 것입니다. 따라서 우리가 데이터베이스를 알게 되면 현실 세계에서 흘러 다니는 정보들이 어떻게 제공되는지, 어디에서 어떻게 관리되고 있는지, 데이터의 출처와 제공되는 흐름을 어느 정도 유추할 수 있는 힘을 가질 수 있습니다.

이 책을 선택한 분들은 아마 두 가지 유형 중 하나일 것으로 생각됩니다. 첫 번째는 프로그램 개발자로서 프로그래머의 필수적으로 알아야 하는 데이터베이스 관련 지식을 전체적으로 확인하고 싶은 사람, 두 번째는 DB 모델러, DBA 등 데이터베이스 관련 전문가를 꿈꾸고 본격적인 학습 이전에 데이터베이스의 전체 구조를 알기 원하는 사람일 것입니다. 두 가지 중 어느 유형에 속하든지 이 책을 통해 여러분들이 얻고자 하는 목적은 데이터베이스의 전체 모습을 빠르고 쉽게 살펴보는 것인데, 이 책을 읽는 것은 최선의 방법 중 하나가 되리라 생각합니다.

약 20년 전 역자가 프로그램을 개발하던 시기에 선배가 알음알음 알려주는 데이터베이스 관련 지식이 전부인 것처럼 생각하고, 막연하게 프로그램을 개발했다가 어처구니없는 실수를 저질러 수습하는데 꽤나 많은 시간이 걸렸던 아픈 기억이 있습니다. 그런 어리석음을 겪지 않으려면 수많은 데이터들을 모아서 관리하고 있는 데이터베이스의 구조와 역할을 명확하게 인식하는 것은 필수입니다.

눈만 뜨면 필요한 정보가 스마트폰, 노트북, TV 등 다양한 채널로 제공되는 첨단 시대를 바쁘게 살고 있는 여러분들의 궁금증이 그림과 함께 친숙한 사례들로 데이터베이스의 구조를 설명하고 있는 이 책을 통해 해소되길 기원합니다.

양성건

차례

5

Ch 3 데이터베이스 조작
SQL 사용법
47

Ch 5 데이터베이스 도입
데이터베이스의 구성과 테이블 설계　　　　129

Ch 6	데이터베이스 운용
	안전한 운용을 목표로 하기 위해　169

6-1 데이터베이스가 위치하는 장소
　　온프레미스, 클라우드 / 170

6-2 자체적으로 데이터베이스 서버를 관리할 때의 주의점
　　전원, 바이러스, 비용 / 172

6-3 데이터베이스 운용에 드는 비용
　　이니셜 코스트(initial cost), 러닝 코스트(running cost) / 174

6-4 사용자에 따라 접속가능 범위를 바꾼다
　　사용자, 권한 / 176

Ch 7 데이터베이스를 지키기 위한 지식
트러블(Trouble)과 보안(Security) 대책   189

Ch 8) 데이터베이스 활용
애플리케이션으로 데이터베이스를 사용
211

Chapter 1

데이터베이스의 기본

데이터베이스 개념을 잡자

Database

>> 우리 주변에 존재하는 데이터

데이터와 데이터베이스

우리 주변에는 많은 정보들이 넘쳐나고 있습니다. 예를 들어, 가게에서 팔고 있는 상품의 이름이나 가격, 주소록의 이름이나 전화번호, 일정 계획표의 날짜나 예정일자 등 조금만 주위를 둘러보아도 우리는 많은 숫자나 문자, 날짜에 둘러싸여 살고 있습니다. 이렇게 하나하나 존재하는 정보를 **데이터**라고 부릅니다(그림 1-1).

하나하나의 데이터는 어느 한 가지 사실이나 자료, 상태 같은 것들을 나타내고 있지만 경우에 따라서는 대량의 데이터로 존재하거나, 겉모습이 산산조각 나 있거나 여러 곳에 흩어져 있을 겁니다. 이러한 상태라면 데이터는 불편하고 취급하기 어려운 것이 되어 버립니다. 하지만 데이터를 어느 한 곳에 정리해서 모아두면 언제든지 보고 싶은 정보를 빠르게 꺼내 볼 수 있고, 여러 가지의 사실을 분석하여 새로운 정보를 얻어 낼 수 있습니다. 이와 같이 복수의 데이터를 모아 유용하게 활용할 수 있도록 한 것이 **데이터베이스**입니다(그림 1-2).

데이터와 데이터베이스 예시

케이크 가게를 예로 들어봅시다. 상품 하나하나의 이름과 가격은 데이터입니다. 물건을 구입하는 고객에게 전달하거나 가게의 매출을 계산할 때 사용하는 자료가 됩니다. 만약 가게를 운영하는 입장이라면 이러한 데이터들을 제각각 사용할 것이 아니라 표 등을 통해 한 곳으로 모아 정리하게 될 것입니다. 이렇게 활용하기 쉽도록 데이터베이스로 만들어 놓으면 나중에 어떤 상품의 가격이 얼마인지 빠르게 확인할 수 있습니다.

또한, 그것과는 별개로 팔린 상품이나 개수를 기록하기 위해서 카운터를 통과한 상품 정보를 하나의 장소에 모아서 데이터베이스(DataBase)로 만들어 두면, 나중에 오늘 발생한 매출을 계산하거나 방문한 인원수를 집계할 수 있습니다.

| 그림 1-1 | 우리의 주위에 있는 데이터 |

- 상품명
- 가격

- 이름
- 전화번호

- 날짜
- 예정일자

| 그림 1-2 | 데이터베이스의 역할 |

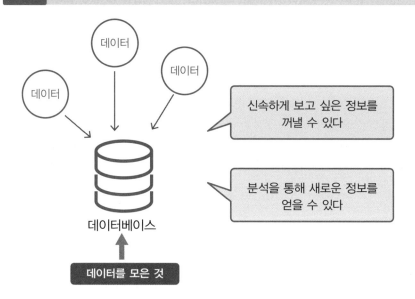

데이터

데이터

데이터

신속하게 보고 싶은 정보를
꺼낼 수 있다

분석을 통해 새로운 정보를
얻을 수 있다

데이터베이스

데이터를 모은 것

Point

✔ 데이터는 숫자나 문자, 날짜 등의 자료
✔ 데이터베이스는 여러 데이터들을 정리하고 모아 놓아 유용하게 활용할 수 있도록 한 것

≫ 데이터베이스의 특징

데이터베이스의 특징 \\

데이터베이스는 크게 봤을 때 **등록 · 정리 · 검색**이 가능하다는 특징이 있습니다(그림 1-3).

데이터베이스에 대량의 데이터를 등록할 수 있는데, 예를 들어 수시로 상품 데이터를 추가할 수 있고, 각각의 데이터는 정리를 통해 동일한 형식으로 저장해 둘 수 있습니다. 케이크를 예로 들면 「가격」이라는 데이터를 가지고 있는데, 이것들을 100,(콤마가 상이함) 100원, ₩100 같은 제 각각의 포맷이 아니라 100, 100, 100과 같이 정돈된 형태로 데이터베이스에 저장합니다. 이것들은 필요에 따라서 편집 · 삭제할 수도 있습니다. 이렇게 정리를 해놓음으로써 등록한 데이터 중에서 필요한 데이터를 검색해서 바로 꺼낼 수 있게 됩니다. 예를 들어 상품별 가격을 데이터베이스에 등록해두면 나중에 200원 이상인 상품만 꺼내올 수도 있고, 팔린 상품과 시간을 함께 저장해두면 오늘 발생한 매출을 얻을 수 있습니다. 이와 같이 저장되어 있는 데이터를 기본으로 조건을 걸어 원하는 정보를 추출할 수 있습니다.

쇼핑 사이트에서의 데이터베이스 활용 예 \\

쇼핑 사이트의 상품정보 관리에도 데이터베이스가 사용되고 있습니다. 관리자가 상품명, 가격, 판매 개시일, 상품 이미지 URL, 소개 글 등의 정보를 데이터베이스에 등록하고 있습니다. 쇼핑 사이트에서는 이렇게 구축된 데이터베이스로부터 상품 정보를 꺼내어 내용을 표시하고 있습니다. 구입하는 사람은 많은 상품들 중에서 상품명으로 검색할 수도 있고 가격으로 추출할 수도 있습니다(그림 1-4). 이것은 데이터베이스의 검색 기능에 의해 구현되고 있습니다.

그림1-3 데이터베이스는 등록 · 정리 · 검색이 가능하다

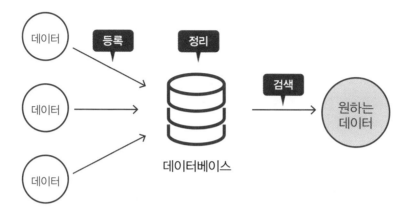

그림1-4 쇼핑 사이트에서 데이터베이스 활용 예

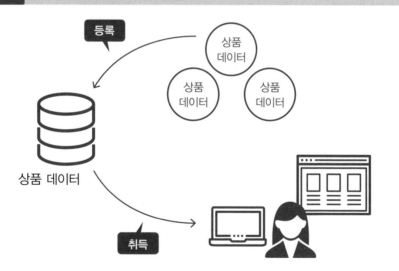

Point

✔ 데이터베이스의 주요 특징은 등록, 정리, 검색이다.
✔ 쇼핑 사이트에서 구입하는 사람이 대량의 상품 정보로부터 추출할 수 있는 것은 데이터베이스 덕분

» 데이터베이스를 움직이게 하는 시스템

데이터베이스 관리 시스템(DBMS)과 역할

데이터베이스를 다루기 위해서는 데이터베이스를 관리하는 **데이터베이스 관리 시스템**을 사용합니다. DataBase Management System의 머리글자를 따서 **DBMS**라고 부르기도 합니다. 데이터베이스 관리 시스템은 데이터의 등록, 정리, 검색 기능 외에 등록하는 데이터를 제한(숫자나 날짜밖에 등록할 수 없음, 공란을 등록할 수 없음 등)하거나 데이터에 모순이 없도록 정합성을 유지하는 구조를 가지고 있습니다. 그 밖에도 부정한 접근에 대한 대비책으로 데이터 암호화나 데이터를 취급 가능한 사용자 관리 등 보안(Security)에 관련된 기능이나, 장애가 일어났을 때 데이터를 복구하는 구조가 갖추어져 있는 것도 있습니다(그림 1-5).

데이터를 관리하기 위해서는 다양한 요건이 필요합니다. 이러한 시스템을 직접 만들려면 많은 시간과 노력이 필요합니다. 그러나 데이터베이스 관리 시스템을 도입하면 대량의 데이터를 다루기 위해 필요한 기능들이 갖춰져 있기 때문에 데이터 관리를 위해 직접 생각해야 되는 노력이 줄어들고 데이터를 등록, 정리, 검색하는 본래의 목적에 전념할 수 있게 됩니다(그림 1-6).

데이터베이스 관리 시스템과 데이터베이스의 관계

데이터베이스 관리 시스템은 데이터베이스의 사령탑이며 여기에 지시를 보냄으로써 데이터베이스를 조작할 수 있습니다. 예를 들어 데이터베이스에 데이터를 추가하고 싶을 때는 먼저 데이터베이스 관리 시스템에 데이터를 추가하고 싶다는 지시를 내리고, 지시에 따라 데이터베이스에 데이터를 등록합니다(그림 1-7). 틀린 명령에 의해 적합하지 않은 데이터를 등록하려고 하면 데이터베이스 관리 시스템이 등록을 중지하고 오류를 반환합니다.

이와 같이 데이터베이스 관리 시스템이 사용자와 데이터베이스 사이에 끼어들어 중개하는 역할을 해줌으로써 데이터베이스를 보다 편리하고 안전하게 사용할 수 있게 되었습니다.

그림1-5 데이터베이스 관리 시스템의 역할

많은 데이터를
관리하는 것은
어렵다 …

데이터베이스 관리
시스템이
데이터를 관리

- 데이터의 등록 · 정리 · 검색
- 데이터에 제한을 건다
- 데이터의 정합성을 보호
- 부정한 접속으로부터 데이터를 보호
- 장애가 발행하면 데이터를 복구한다

그림1-6 데이터베이스 관리 시스템을 도입했을 때 장점

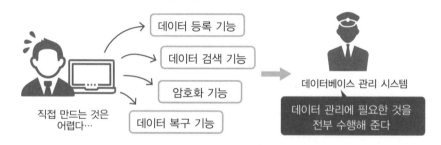

직접 만드는 것은
어렵다…

데이터 등록 기능

데이터 검색 기능

암호화 기능

데이터 복구 기능

데이터베이스 관리 시스템

데이터 관리에 필요한 것을
전부 수행해 준다

그림1-7 데이터베이스를 조작하는 흐름

명령을 전송

명령에 따라 처리한다

데이터베이스 관리 시스템

데이터베이스

Point

✔ 데이터베이스 관리 시스템(DBMS)을 도입하면 대량의 데이터를 취급할 때 필요한 기능
을 이용할 수 있다.

✔ 데이터베이스를 조작하고 싶을 때 데이터베이스 관리 시스템에 명령을 보내면 데이터
베이스 관리 시스템이 지시에 따라 데이터베이스를 처리해 준다.

≫ 데이터베이스를 도입하는 이유

데이터베이스 관리 시스템의 기능 \\\

데이터베이스 관리 시스템에는 데이터의 등록, 갱신, 삭제와 같은 기본적인 기능 외에 다음과 같은 기능이 구비되어 있습니다(그림 1-8).

(1) 데이터의 정렬이나 검색이 가능하다.

등록되어 있는 데이터를 숫자의 크고 작음으로 정렬하거나, 특정 문자열을 포함한 데이터를 **검색**하기도 해서 목적하는 데이터를 곧바로 불러낼 수 있습니다.

(2) 등록할 데이터의 형식이나 제한을 정해 둘 수 있다.

숫자나 문자열, 날짜 등 저장하는 데이터의 형식이나, 디폴트(Default) 값으로 저장해 두고 싶은 값, 다른 데이터와 값이 겹치지 않게 하는 **제한**을 지정할 수 있습니다.

(3) 데이터의 모순이 일어나지 않도록 한다

복수의 사용자가 동시에 같은 데이터를 편집하려고 하는 경우에 모순적인 데이터가 발생되지 않도록 **제어**합니다.

(4) 부정한 접근을 방지한다

사용자의 **접근권한** 설정이나 데이터 암호화를 실시하고, 기밀 데이터를 안전하게 보관합니다.

(5) 장애 시에 데이터를 복구한다

시스템 장애로 인해 데이터의 파손이나 소실이 일어나는 경우를 대비하여 데이터를 복구하는 기능이 있습니다.

데이터베이스 관리 시스템을 도입하면 이렇게 사전에 준비된 데이터 관리를 위해 필요한 기능을 사용할 수 있습니다.

그림1-8   데이터베이스 관리 시스템의 기능

Chapter
1

데이터베이스를 도입하는 이유

검색

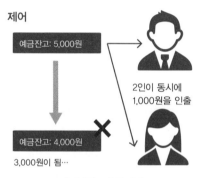

원하는 데이터를
금방 불러낼 수 있다

제한

상품ID	가격	중복된 값은 저장할 수 없다
상품명	문자열	20자까지
가격	단가	마이너스 값은 저장할 수 없다
구입일	날짜	

저장하는 데이터에 포맷이나 제한을
지정할 수 있다

제어

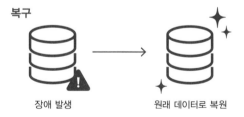

예금잔고: 5,000원

2인이 동시에
1,000원을 인출

예금잔고: 4,000원

3,000원이 됨…

데이터의 모순을 예방

접근권한

사용자마다 접근 가능한
권한을 설정할 수 있다

복구

장애 발생   원래 데이터로 복원

Point

✔ 데이터베이스 관리 시스템에는 데이터 관리에 필요한 기능이 미리 준비되어 있다.

✔ 데이터의 등록 · 갱신 · 삭제 이외, 데이터의 정렬이나 검색, 데이터 포맷이나 제한 지
정, 데이터 모순이나 부정 접근 방지, 장애 시 복구하는 기능이 갖추어져 있다.

» 데이터베이스 관리 시스템의 종류

상용과 오픈 소스 //

데이터베이스 관리 시스템에는 상용과 오픈 소스가 있습니다.

상용 데이터베이스 관리 시스템은 대부분의 경우 기업이나 개인이 개발·판매하고 있으며, 유료로 제공되고 있습니다.

오픈 소스는 소스 코드가 공개되어 있어 누구라도 자유롭게 사용할 수 있는 소프트웨어이며 무료로 사용할 수 있는 것이 많습니다.

각각의 특징에 대해 아래에서 더욱 자세하게 설명하겠습니다.

상용 데이터베이스 관리 시스템의 특징 ////////////////////////////////

기본적으로 유료이지만, 다양한 용도로 도입이 가능하도록 확장할 수 있게 되어 있으며, 기능이 풍부하고 지원이 충실합니다. 다만 많은 비용이 들 수도 있기 때문에 도입 비용에 걸맞은 혜택을 받을 수 있는지 여부를 신중하게 검토할 필요가 있습니다.

대기업이나 대규모 시스템에 도입된 실적이 있는 제품이 많기 때문에 높은 신뢰성이 요구되는 데이터베이스 관리 시스템에서는 상용 제품이 채택되고 있는 경우가 많습니다.

대표적인 제품으로 그림 1-9를 들 수 있습니다.

오픈 소스 데이터베이스 관리 시스템의 특징 ////////////////////////////

무료로 사용하기 때문에 기능이나 안전성, 성능(Performance)이 뒤떨어진다고 생각할 수도 있지만, 나날이 개선되고 있어 실무적인 상황에서도 문제없이 가동하고 있는 사례도 많이 있습니다. 그러나 기술 등의 지원은 없는 경우가 많기 때문에 전문 지식이 없는 경우라면 취급이 어렵다는 단점도 있습니다.

대표적인 것으로 그림 1-10을 들 수 있습니다.

그림1-9	대표적인 상용 데이터베이스 관리 시스템
Oracle Database	가장 널리 사용되는 데이터베이스 관리 시스템. 대기업 · 대규모 시스템에 도입된 실적이 많다.
Microsoft SQL Server	Microsoft의 데이터베이스 관리 시스템. 상용 데이터베이스에서는 Oracle 다음으로 많은 점유율을 자랑하고 있다. 역시 기업에서 사용하는 예가 많으며 Microsoft 제품과 궁합이 잘 맞는다
IBM Db2	IBM의 데이터베이스 관리 시스템. 최근에는 데이터베이스에 AI 기능을 탑재함으로써 운용 부담의 경감, 자연어 문의, 사용자가 알지 못하는 통찰을 이끌어내는 기능 등이 주목받고 있다.

그림1-10	대표적인 오픈 소스 데이터베이스 관리 시스템
MySQL	오픈 소스 데이터베이스 관리 시스템 중에서 가장 널리 사용되고 있다. 현재는 오라클에 의해 유지되고 있으며 사용 용도에 따라 라이선스 비용 지불이 필요하다. 많은 Web 서비스에 채택되고 있으며 속도 · 경량으로 정평이 나 있다
PostgreSQL	MySQL과 자주 비교되어 선택되는 경우가 많다. 많은 플랫폼에서 동작하며 충실한 기능면에서 정평이 나 있다.
SQLite	애플리케이션에 내장하여 이용할 수 있는 경량 데이터베이스. 대규모 시스템에서 이용하는 것에는 적합하지 않지만 간편하게 사용할 수 있다
MongoDB	NoSQL로 분류되는 데이터베이스 중에서 가장 많이 보급되어 있다. Document 지향형 데이터베이스라고 불리며 자유로운 데이터 구조로 저장할 수 있다(NoSQL에 대해서는 2-5절 참조).

Point
✔ 데이터베이스 관리 시스템에는 상용과 오픈 소스가 있다.
✔ 상용 제품은 기본적으로 유료이나 실적과 기능이 풍부하고 지원이 충실한 편이다.
✔ 오픈 소스는 무료로 사용할 수 있는 경우가 많지만 데이터베이스를 다루기 위해 필요한 보다 깊이 있는 전문 지식이 요구된다.

» 데이터베이스를 조작하기 위한 명령문

SQL은 대화 형식으로 주고받는다

SQL은 데이터베이스에 명령을 보내기 위한 언어입니다. SQL 언어로 된 명령어를 데이터베이스 관리 시스템에 보내면 그 내용에 따라 데이터베이스를 조작할 수 있습니다(그림 1-11). 또한 SQL은 규격화된 언어입니다. 1-5절에서 소개한 것처럼 데이터베이스 관리 시스템에는 많은 종류가 있는데, 대부분의 시스템에서 공통으로 SQL 언어를 사용할 수 있습니다. 따라서 SQL 언어만 기억하면 대표적인 데이터베이스 관리 시스템은 동일한 명령어로 작업할 수 있습니다.

또한 SQL은 데이터베이스와 대화 형식으로 주고받는 특징이 있습니다. 예를 들어, 새로운 데이터베이스를 생성하기 위해 SQL 명령어를 데이터베이스 관리 시스템에 보내면 명령어를 전달받은 데이터베이스 관리 시스템은 명령에 따라 데이터베이스를 조작하고 처리가 끝나면 실행 결과를 반환합니다.

이렇게 SQL에서 데이터베이스를 조작할 때는 명령을 보내고, 그 결과가 돌아오는 흐름을 데이터베이스 관리 시스템과 1대1로 반복하게 됩니다(그림 1-12).

SQL로 할 수 있는 것

SQL을 사용하면 데이터베이스에 대한 다양한 작업을 수행할 수 있습니다. 구체적인 SQL 사용법은 제 3장에서 설명하는데 대략적으로 다음과 같은 것들이 있습니다.

- ◆ 새로운 데이터베이스 및 테이블의 생성·삭제
- ◆ 데이터 추가·편집·삭제
- ◆ 데이터 검색
- ◆ 데이터에 접근할 수 있는 사용자 권한 설정

그림 1-11 SQL이란?

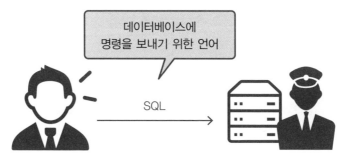

그림 1-12 데이터베이스와 대화 형식으로 주고받는다

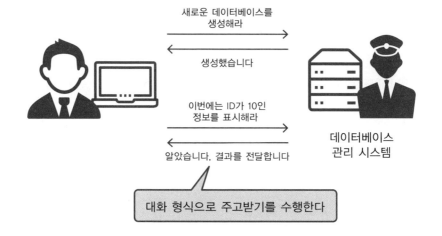

_{Point}

✔ 데이터베이스를 조작할 때에는 SQL이라는 언어를 사용하여 데이터베이스 관리 시스템에 명령을 보낸다.

✔ 데이터베이스 관리 시스템과는 SQL을 사용해서 대화 형식으로 주고받는다.

» 데이터베이스 이용 사례

POS기 · 예약 관리에 대한 데이터베이스 이용 사례

음식점이나 소매점에 도입되어 있는 **POS기(POS register)**에도 데이터베이스가 사용되고 있습니다. 계산대에서 상품의 바코드를 읽으면 구입한 날짜와 상품 정보가 데이터베이스에 저장되는 구조입니다. 이와 같이 데이터를 기록해 두면 하루에 팔린 상품의 개수를 체크하거나 매출 집계도 간단하게 끝낼 수 있게 됩니다(그림 1-13). 또한 미리 상품에 대한 재고를 등록해 두면 팔린 상품 정보에서 나머지 재고 수를 확인하는 것도 데이터 상으로 가능합니다.

또한 놀이기구나 숙소, 가게 등을 **예약 관리**하는 웹 사이트나 스마트폰 앱에도 고객 데이터를 저장하는 장치로 데이터베이스가 이용되고 있습니다. 애플리케이션을 통해 누가, 언제, 어떤 좌석 또는 방(Room)을 예약했는지 데이터베이스에 저장하고, 데이터베이스 상에서 예약된 숫자를 집계하면, 앱 상에는 나머지 예약 가능한 숫자를 표시하는 기능도 구현할 수 있습니다.

축적한 데이터는 분석에 사용할 수 있다

데이터베이스에는 축적한 데이터를 가지고 계산하는 기능과 특정 조건에 일치하는 데이터를 추출하는 기능이 갖춰져 있습니다. 이러한 기능을 사용해서 데이터베이스를 **분석**하는 것에 이용하는 사례도 있습니다.

POS기의 사례로 얘기한다면, 매출 데이터로부터 일별 매출 집계 처리를 빨리 끝낼 수 있고, 월별로 제품별 매출 결과를 추출하면 「이 제품은 여름에 잘 팔리지만 계절이 지나면 전혀 팔리지 않는다」라든가, 고객 회원정보와 비교하여 「이것은 별로 팔리지 않지만 특정 고객이 여러 번이나 반복해서 구입하고 있다」라든가, 시간대별 매출을 집계하면 「이 시간대는 손님이 적다」와 같은 정보가 얻어집니다(그림 1-14). 이러한 정보를 바탕으로 구입하는 상품을 바꾸거나 발매하는 계절이나 시간을 바꾸는 등 매출 향상을 위한 개선책이나 업무 효율을 올리는 대응방안을 도출하기 위한 재료로서 도움이 되는 사례도 있습니다.

그림 1-13 POS기에서 데이터베이스를 이용하는 사례

구입한 상품의 정보를
데이터베이스에 저장

필요한 정보를 집계할 수 있다

• 하루 동안 팔린 상품의 수
• 오늘 올린 매상

그림 1-14 데이터베이스를 이용한 데이터 분석

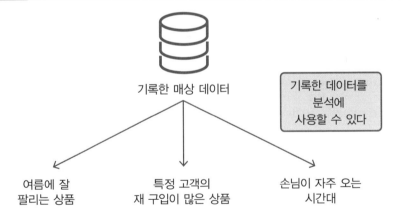

기록한 매상 데이터

기록한 데이터를
분석에
사용할 수 있다

여름에 잘
팔리는 상품

특정 고객의
재 구입이 많은 상품

손님이 자주 오는
시간대

Point

✔ 데이터베이스의 이용 사례로 POS기나 예약 관리 시스템을 들 수 있으며 매출 데이터
나 고객 데이터를 저장해 두는 용도로 이용된다.

✔ 데이터베이스에 축적한 데이터는 매출 집계 이외에 매출 향상이나 업무 효율화를 위한
데이터 분석 재료로 유용하게 사용되는 사례도 있다.

≫ 주변에서 사용되고 있는 데이터베이스

도서관의 장서 데이터베이스 //

도서관에 소장되어 있는 수많은 책들에 대한 정보를 관리하고 있는 것도 데이터베이스입니다(그림 1-15).

새로운 책이 들어오면, 데이터베이스에 책의 제목이나 저자 이름, 장르, 선반의 위치 등을 등록해 둡니다. 그 내용을 바탕으로 도서관에 비치되어 있는 단말기나 웹사이트에서 원하는 책을 찾을 수 있게 됩니다.

또한, 카운터에서 책을 빌릴 때나 반환할 때는 누가, 어떤 책을, 언제 빌렸다는 정보를 데이터베이스에 기록하고 있습니다. 그 덕분에 특정한 책이 대출 중인지 여부를 확인할 수 있고 관리자 측면에서는 늦게 반납되는 책들도 확인할 수 있습니다.

쇼핑 사이트의 상품 데이터베이스 //

스마트폰이나 PC를 이용하여 간편하게 쇼핑을 할 수 있는 **쇼핑 사이트**에서도 데이터베이스가 사용되고 있습니다(그림 1-16).

사이트를 방문했을 때 보이는 상품들은 모두 제목이나 이미지 URL, 카테고리, 가격, 안내문구 등의 정보가 데이터베이스에 저장되어 있습니다. 빠르게 카테고리나 가격으로 범위를 좁힐 수 있고 정렬할 수 있는 것도 데이터베이스 덕분입니다.

상품 이외에 누가, 언제, 어느 상품을 구입했는지에 대한 구입 정보도 데이터베이스에 기록해 둠으로써 상품의 재고가 0이 되면 자동적으로 상품 목록에서 표시되지 않도록 하는 기능을 추가하거나 잘 팔리는 상품의 경향을 분석하는 것도 가능합니다.

그 외에도 상품을 리뷰하거나, 과거에 구입했던 상품을 바탕으로 추천 기능을 도입하는 경우 등도 데이터베이스를 기반으로 구현할 수 있습니다.

그림 1-15 도서관에서의 데이터베이스 이용 사례

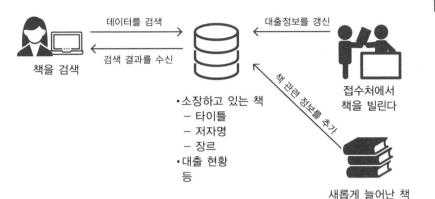

그림 1-16 쇼핑 사이트에서의 데이터베이스 이용 사례

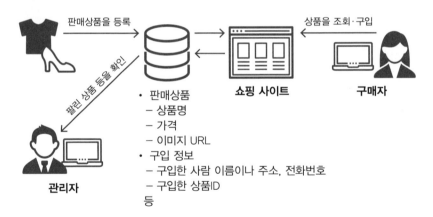

실습

우리 주변에 있는 데이터베이스를 찾아봅시다

당신 주변에 있는 데이터를 기술해 봅시다. 또한 그것이 이미 데이터베이스로써 취급되고 있지는 않는지, 아니면 데이터베이스로 만들면 어떻게 편리해질까 생각해 봅시다.

◆

◆

◆

답변 예시

- **팔린 상품, 개수, 가격**
  - → POS기에서 바코드를 스캔(Scan)하여 데이터베이스에 기록하고 있다
  - → 나중에 잘 팔리는 상품을 집계할 수 있다
- **이름, 전화번호, 이메일 주소**
  - → 스마트폰 주소록 앱에서 등록과 변경이 가능하며 이름으로 검색할 수 있다
- **도서관에 소장된 책 제목, 저자 이름, 장르, 대출 현황**
  - → 단말기에서 소장되고 있는 책을 검색할 수 있다
- **도서관에서 대출받은 책 이름, 대출받은 날, 반납한 날, 회원번호**
  - → 카운터에서 책을 대출할 때 대출 현황을 기록
  - → 대출 중인 책이나 일정 기간이 지나도 반납되지 않은 회원을 파악할 수 있다

Chapter 2

데이터의 보존 형식

관계형 데이터베이스의 특징

Database

≫ 다양한 데이터 저장 형식

데이터 모델의 종류 〟〟〟〟〟〟〟〟〟〟〟〟〟〟〟〟〟〟〟〟〟〟〟〟〟〟〟〟〟〟〟〟〟

데이터베이스에는 일정한 규칙을 따라서 데이터가 저장되어 있습니다. 이러한 데이터의 구조를 **데이터 모델**이라고 부르는데, 다음과 같은 종류가 있습니다.

계층(階層) 형

계층형은 나무가 가지치기하듯이 1개의 부모에 복수의 아이가 뻗어가는 모델로 회사의 조직도와 비슷한 이미지입니다(그림 2-1). 회사의 여러 부서에 몇 개의 팀이 존재하고 각각의 팀에는 여러 멤버들이 소속되어 있는 형태의 구성입니다. 이러한 구조는 데이터 검색이 빠른 편인데, 만약 여러 팀에 소속된 멤버가 있다면 데이터가 중복되는 단점도 있습니다.

네트워크(Network) 형

네트워크형은 데이터를 그물코 모양으로 나타내는 모델입니다(그림 2-2). 계층형에서는 하나의 부모에 여러 아이들이 달려 있었지만 네트워크형에서는 여러 부모를 둘수도 있습니다. 이 구조는 계층형의 단점인 데이터의 중복을 피할 수는 있지만, 현재는 편리성이 보다 높은 아래의 관계형(Relational)이 주류가 되었습니다.

관계(Relational) 형

관계형은 행과 열을 가진 2차원 표에 데이터를 저장하는 모델입니다(그림 2-3). 여러 가지 표를 조합하여 다양한 데이터에 유연하게 대응할 수 있다는 특징이 있습니다. 계층형이나 네트워크형에서는 데이터가 저장되어 있는 구조를 이해하고 있어야 하므로, 구성을 변경하면 그에 맞춰 프로그램도 보완해야 할 필요가 있었습니다. 관계형은 그러한 영향이 적고 프로그램과 데이터를 독립적으로 관리하기 쉬워집니다. 이러한 편리성 때문에 현재는 데이터베이스에 관계형이 많이 사용되고 있습니다. 1-5절에서 소개한 대표적인 데이터베이스 관리 시스템도 대부분이 관계형입니다. 이 책에서도 이후의 장에서는 관계형을 전제로 설명하고 있습니다.

그림 2-1 계층형

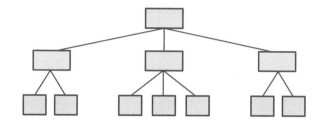

그림 2-2 네트워크형

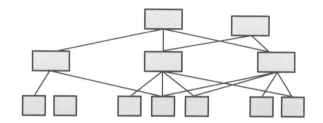

그림 2-3 관계형

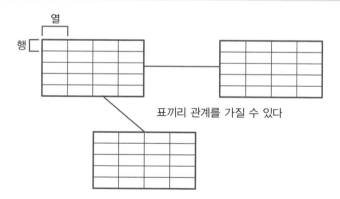

열

행

표끼리 관계를 가질 수 있다

Point

✔ 데이터 모델에는 계층형, 네트워크형, 관계형과 같은 여러 종류가 있다.

✔ 현재의 대표적인 데이터베이스는 대부분 관계형

≫ 표 형식으로 데이터를 저장한다

관계형 데이터베이스의 데이터 저장방법

2-1절에서 데이터 모델의 종류를 소개했는데, 여기서는 현재 대부분의 데이터베이스에 채용되고 있는 관계형에서 데이터를 저장하는 방법에 대해 더욱 자세히 설명합니다.

표 형식으로 데이터를 저장해 두는 테이블

관계형 데이터베이스에서는 표 형식으로 데이터를 저장하는데 이 표를 **테이블**이라고 부릅니다(그림 2-4). 쇼핑 사이트의 데이터베이스를 생성하는 사례에서 사이트에 등록되어 있는 회원 정보를 저장하는 사용자 테이블이나, 판매하고 있는 상품 정보를 저장하는 상품 테이블을 생성해야 합니다. 이렇게 저장하는 데이터의 종류별로 테이블을 생성할 수 있습니다.

테이블의 열에 해당하는 컬럼과 행에 해당하는 레코드

테이블은 행과 열을 가진 2차원 표 형식으로 되어있는데 이 중 열에 해당하는 것을 **컬럼**(Column), 행에 해당하는 것을 **레코드**(Record)라고 부릅니다(그림 2-5). 예를 들어 사용자 테이블에 저장하는 항목으로 이름이나 주소, 전화번호를 들 수 있는데, 이 각각의 항목에 해당하는 열을 컬럼이라고 합니다. 또한 사용자 테이블에 데이터를 등록할 때, 예를 들면 홍길동 씨, 임꺽정 씨, 이순신 씨의 정보를 등록합니다. 이렇게 한 사람 한 사람 행에 해당하는 데이터가 레코드입니다.

각 레코드의 입력 항목은 필드

각 레코드의 각각의 입력 항목을 **필드**라고 부릅니다(그림 2-6). 예를 들면 사용자 테이블에 등록되어 있는 레코드 중에서 이름 항목에 입력된 「홍길동」이나, 주소 항목에 입력된 「서울시」 등 하나하나의 항목에 대한 입력란이 필드*입니다.

---

* 컬럼을 가리켜 필드(Field)라고 부르기도 합니다.

그림 2-4	데이터를 저장하기 위한 표에 해당하는 테이블

테이블 ◄── 데이터를 입력하기 위한 표

그림 2-5	열에 해당하는 컬럼과 행에 해당하는 레코드

사용자 테이블

레코드 ◄── 테이블의 행

컬럼 ◄── 테이블의 열

그림 2-6	각 레코드의 입력 항목에 해당하는 필드

사용자 테이블

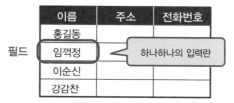

필드

하나하나의 입력란

Point

✔ 테이블은 데이터를 저장하는 표
✔ 컬럼은 테이블의 열에 해당하는 부분
✔ 레코드는 테이블의 행에 해당하는 부분
✔ 필드는 각 레코드 안에 있는 하나하나의 입력 항목

≫ 표끼리 조합하다

테이블 결합이란? \\

관계형 데이터베이스에서는 복수의 관련된 테이블끼리 조합하여 데이터를 취득하는 방법이 있는데 이러한 방법을 **테이블 결합**이라고 부릅니다. 테이블 결합을 하기 위해 서는 관련된 2개의 테이블에 미리 테이블 간에 연결을 하기 위한 키(Key) 역할을 하 는 컬럼을 지정해두고, 해당 컬럼에 저장된 값이 일치하는 2개 테이블의 레코드들을 쌍(Pair)으로 해서 한 줄로 출력할 수 있습니다.

테이블끼리 결부시키는 예 \\

테이블들끼리 연결하는 예시를 쇼핑 사이트 테이블을 기준으로 생각해 봅시다. 그 림 2-7 같이 상품구입 유저(User) 이름과 상품ID를 저장하는 「users」 테이블, 상품 ID와 해당 상품 정보를 저장하는 「items」 테이블이 있다고 합시다. 이 두 개의 테이 블을 연결하기 위해서 상품ID라고 하는 공통되는 컬럼을 가지고 있습니다. 따라서 「users」 테이블에서는 사용자가 구입한 상품ID를 확인할 수 있으므로 해당 상품에 대한 자세한 정보를 보고 싶은 경우에는 「items」 테이블의 상품ID 컬럼 값에 일치하 는 레코드를 조회할 필요가 있는 것입니다.

묶어서 일괄로 데이터를 취득하다 \\

2개의 테이블은 독립되어 있는데 상품을 구매한 사용자의 이름과 구입한 상품의 이 름, 가격을 한꺼번에 취득하고 싶은 경우에는 그림 2-8과 같이 테이블 결합을 합니 다. 그러면 「users」 테이블의 「상품ID」 컬럼과 「items」 테이블의 「상품ID」 컬럼에 저 장되어 있는 값이 일치하는 레코드를 조합하여 한꺼번에 취득할 수 있습니다.

이렇게 하나의 테이블에서 다른 테이블로 연결하여 다양한 형식의 데이터를 관계형 데이터베이스로 표현할 수 있습니다.

그림 2-7 테이블끼리 연결하는 예시

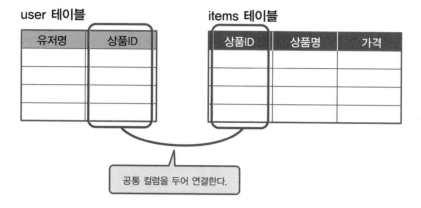

user 테이블

유저명	상품ID

items 테이블

상품ID	상품명	가격

공통 컬럼을 두어 연결한다.

그림 2-8 테이블을 결합하는 예시

user 테이블

유저명	상품ID
홍길동	2
임꺽정	3
이순신	2

Items 테이블

상품ID	상품명	가격
1	빵	100
2	우유	200
3	치즈	150
4	계란	100

결합

유저명	상품명	가격
홍길동	우유	200
임꺽정	치즈	150
이순신	우유	200

Point

✔ 관계형 데이터베이스에서 관련된 여러 테이블끼리 조합하여 데이터를 취득하는 것을 테이블 결합이라고 부른다.

✔ 테이블끼리 연결시킴으로써 다양한 형식의 데이터를 관계형 데이터베이스로 표현할 수 있다.

≫ 관계형의 장점과 단점

관계형의 장점

관계형 데이터베이스가 널리 사용되는 이유는 여러 가지 장점이 있기 때문입니다(그림 2-9).

관계형 데이터베이스에서는 저장할 데이터에 규칙(Rule)을 미리 설정해 둘 수 있습니다. 예를 들면 숫자만 저장할 수 있다거나, 빈칸으로 둘 수 없다 등의 규칙을 지정할 수 있습니다. 이렇게 함으로써 일정한 포맷으로 데이터가 통일됩니다. 규격 이외의 데이터가 등록되려고 하면 처리 전의 상태로 안전하게 되돌리는 구조도 갖춰져 있습니다.

또한 복수의 테이블이 관련된 구성으로 데이터를 저장함으로써 설계를 통해 동일한 데이터가 여러 곳으로 흩어져 존재하는 것을 방지할 수 있습니다. 따라서 데이터를 갱신할 때는 1곳만 수정하면 되므로 **갱신 비용**을 줄일 수 있습니다.

게다가 1-6절에서 언급한 SQL을 사용해서 데이터 등록이나 삭제, 취득을 할 수 있어 복잡한 조건에서 수행되는 데이터 검색이나 집계라고 하더라도 정확하게 취득할 수 있습니다.

관계형의 단점

한편 관계형의 단점으로는 다음과 같은 점을 들 수 있습니다(그림 2-10).

우선 데이터가 방대해짐에 따라 처리하는 속도가 느려지는 것이 눈에 띌 정도로 나타나게 되고 복잡한 처리나 집계로 인하여 커다란 **지연**을 유발하게 되는 경우가 있습니다.

데이터의 일관성이 철저하게 유지되고 있기 때문에, 데이터를 별도의 서버로 나누어 놓고 **분산**처리하는 능력을 높이기는 어렵습니다.

또한 그래프 형태의 데이터, XML이나 JSON으로 불리는 비구조화된 데이터 등 계층적이고 자유도가 높은 데이터를 표현하는 것도 어렵습니다.

그림 2-9 관계형의 장점

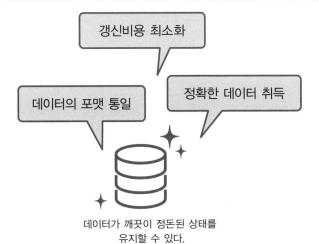

갱신비용 최소화

정확한 데이터 취득

데이터의 포맷 통일

데이터가 깨끗이 정돈된 상태를
유지할 수 있다.

그림 2-10 관계형의 단점

 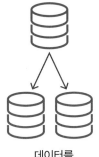 

처리속도가
늦다

데이터를
분산할 수 없다

표현하기 어려운
데이터도 있다

Point

✔ 관계형 데이터베이스에서는 데이터에 세세하게 규칙(Rule)을 설정함으로써 정합성을
유지하며, 정보의 등록이나 취득을 정확하게 할 수 있는 장점이 있다.

✔ 한편, 데이터가 방대해지면 처리 속도가 늦어지거나 데이터를 분산할 수 없거나 표현하
기 어려운 데이터가 있다는 단점도 있다.

» 관계형 이외의 형식

NoSQL이란?

NoSQL은 Not Only SQL의 약자로, 관계형 이외의 데이터베이스 관리 시스템을 가리키는 말입니다. 예를 들면 MongoDB나 Redis 등이 여기에 해당합니다. 지금까지는 가장 널리 보급되어 있는 관계형을 중심으로 설명했는데, 최근에는 NoSQL 데이터베이스가 이용되는 사례도 늘고 있습니다.

관계형은 저장되어 있는 데이터를 엄격하게 관리하여 일관성이나 정합성을 유지할 수 있는 반면에, 처리 성능이 낮으며 데이터를 분산할 수 없다는 대용량 데이터에 대한 퍼포먼스(Performance, 성능) 측면에서 문제가 있었습니다. 특히 빅 데이터 같이 대용량 데이터를 취급하는 요구가 증가하고 있는 최근의 추세라면 관계형으로는 현실에 맞지 않는다는 사례도 나오는데, 그러한 약점을 해소하기 위한 NoSQL이 주목받고 있습니다(그림 2-11).

NoSQL의 특징

NoSQL로 분류되는 데이터베이스는 다음과 같은 특징이 있습니다.

강점

- ◆ 처리가 신속하고 많은 양의 데이터를 다룰 수 있다
- ◆ 다양한 구조의 데이터를 저장할 수 있다
- ◆ 데이터를 분산해서 처리하는 것이 가능하다

약점

- ◆ 관계형인 데이터끼리 결합이 지원되지 않는다
- ◆ 데이터의 일관성이나 정합성을 유지하는 기능은 약하다
- ◆ 트랜잭션(4-14절 참조)은 사용할 수 없는 경우가 많다.

다양한 대용량 데이터를 고속으로 처리할 수 있기 때문에, 데이터 해석이나 실시간 (Realtime) 처리가 요구되는 콘텐츠에 활용되고 있습니다(그림 2-12).

그림 2-11 관계형과 NoSQL의 차이

데이터는 통일되게
관리되어도 대규모 데이터는
취급하기 곤란하다

가장 많이 보급되어 있는
관계형

데이터의 정합성보다는
대량의 데이터를 빠르게
처리하는 것이 우선

관계형에서는 볼 수 없는
특성을 갖고 있는 NoSQL

그림 2-12 NoSQL이 사용되는 사례

대규모
데이터 분석

실시간 처리가
요구되는 게임

Rich Web*
콘텐츠

* Rich Web : 웹 기술을 이용하여 보다 고차원적인 사용자 인터페이스를 제공하면서, 원격 또는 로컬
의 웹 애플리케이션과 서로 다른 웹 플랫폼 간의 응용, 서비스, 데이터를 연계하며 구동될 수 있게 하
는 표준기술

Point

✔ NoSQL은 관계형 이외의 데이터베이스 관리 시스템
✔ 데이터의 무결성보다 대용량 데이터를 고속으로 처리하는 것이 우선시되므로 대규모
   데이터 해석이나 실시간 처리가 요구되는 용도로 사용되는 경우가 많다.

≫ NoSQL 데이터베이스 종류 ①
– 키와 밸류를 조합한 모델

NoSQL 모델의 종류

NoSQL이라고 불리는 데이터베이스는 데이터의 방식에 따라 여러 종류로 분류됩니다. 여기에서는 참고로 몇 가지 모델을 소개하겠습니다.

키 밸류형

키 밸류형은 키(Key)와 밸류(Value) 2개의 데이터를 쌍으로 묶은 것을 저장할 수 있는 모델입니다(그림 2-13). 밸류에는 기록하고 싶은 정보, 키에는 그 정보를 식별하는 값을 저장합니다. 예를 들어 키에 오늘의 날짜, 밸류에 기온이나 습도 등의 정보를 등록해 놓으면, 나중에 키인 날짜를 근간으로 밸류에 등록된 기후 정보를 취득할 수 있습니다. 이렇게 메인이 되는 값과 그것을 식별하기 위한 두 개의 값으로 이루어진 정보를 계속해서 저장할 수 있고, 키를 기반으로 정보를 빠르게 끄집어내고 싶을 때 가장 적합한 모델입니다.

간단한 구성이기 때문에 고속으로 읽고 쓸 수 있으며, 나중에 정보를 분산하기 쉬운 것이 특징입니다. 키 밸류형이 이용되는 사례로는 접속 이력이나 쇼핑 카트, 페이지 캐시(Page Cache) 등을 들 수 있습니다.

컬럼 지향형

컬럼 지향형은 키 밸류형을 확장한 것과 같은 데이터 구조로 하나의 행을 식별하는 키에 대해 여러 개의 키와 밸류 세트를 가질 수 있도록 되어 있는 모델입니다(그림 2-14).

한 행에 여러 개의 열(컬럼)이 있는 구조이므로 관계형과 비슷하지만 열의 이름이나 개수가 고정되어 있는 것이 아니라, 행마다 나중에 열을 동적으로 추가할 수 있고 다른 행에 존재하지 않는 열도 생성할 수 있는 것이 특징입니다.

행마다 형태가 정해지지 않은 데이터를 저장하는 것이 가능하기 때문에, 예를 들면 각 사용자가 할당된 행에, 나중에 열을 추가하고, 새로운 정보를 차례차례로 더해 가는 식으로 사용하는 방법도 있습니다.

그림 2-13	키 밸류형

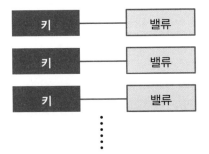

그림 2-14	컬럼 지향형

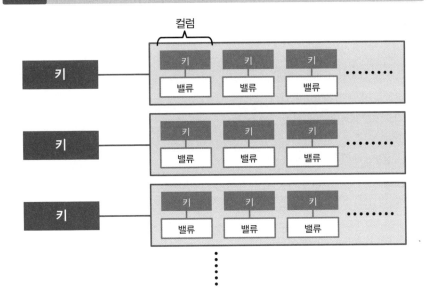

Point

✔ 키 밸류형은 키와 밸류 2개의 데이터를 쌍으로 저장해 나갈 수 있는 모델

✔ 컬럼 지향형은 하나의 행을 식별하는 키에 대해 여러 개의 키와 밸류 세트를 가질 수 있도록 되어 있는 모델

» NoSQL 데이터베이스 종류 ②
– 계층구조와 관계성을 나타내는 모델

Document 지향형 ///

Document 지향형은 JSON이나 XML로 불리는 계층구조를 가진 형식의 데이터를 저장할 수 있는 모델입니다(그림 2-15). 대표적인 데이터베이스 관리 시스템으로 MongoDB가 있습니다. 미리 테이블 구조를 정해 둘 필요가 없고 자유로운 구조의 데이터를 그대로 가져올 수 있다는 장점이 있습니다.

예를 들면 웹 애플리케이션에 보급되어 있는 JSON 데이터에는 여러 항목이 포함되어 있고, 항목별로 배열이나 해쉬(Hash) 같은 형태의 보다 깊은 계층 구조 형태로 되어 있는 경우가 종종 있습니다. 이와 같이 복잡한 구조를 관계형으로 저장하는 경우에는, 저장하는 데이터를 취사선택하고 각 데이터의 형태를 해석하여 적합한 형태로 바꿔서 보존해야 합니다. 또한 중간에 데이터 구조가 바뀐 경우에는 테이블 설계를 새롭게 수정할 필요도 있을 것입니다. Document 지향형에서는 받은 데이터를 그 상태 그대로 저장할 수 있기 때문에 나중에 데이터 구조가 바뀐 경우에도 데이터베이스의 설계를 바꿀 필요가 없습니다.

그래프(Graph)형 ///

그래프형은 관계성을 표현하는데 최적인 모델입니다(그림 2-16).

예를 들면 사용자 A가 B와 친구인데 B는 C, D와 친구인 경우 이러한 네트워크 구조의 데이터를 저장하는데 탁월합니다. 여기서는 사용자 A가 노드(Node)로 불리고, 각 사용자끼리 연결을 릴레이션십, 노드나 릴레이션십이 가지는 속성을 프로퍼티(Property)라고 하며, 이들 3요소를 저장할 수 있습니다. 어떤 사용자의 친구의 친구라는 관계를 둘러싼 검색을 고속으로 실시할 수 있다는 장점이 있습니다.

각 사용자의 연결로부터 흥미가 있는 것을 분석함으로써 쇼핑 사이트의 추천 시스템이나 지도 앱에서 가장 효율적인 경로 탐색에 응용하는 등의 용도를 생각할 수 있습니다.

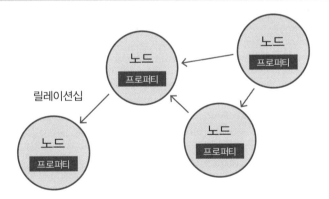

그림 2-15　Document 지향형

키

Document

```
{
name: "홍길동",
address: {
      country: "한국",
      prefecture: "서울특별시"
},
tags: [***, ***, ***]
}
```

키

Document

```
{
name: "임꺽정",
address: {
      country: "한국",
      prefecture: "대전광역시"
},
tags: [***, ***, ***]
}
```

그림 2-16　그래프형

노드
프로퍼티

노드
프로퍼티

릴레이션십

노드
프로퍼티

노드
프로퍼티

Point

✔ Document 지향형은 JSON이나 XML로 불리는 계층구조를 가진 형식의 데이터를 저장할 수 있는 모델

✔ 그래프형은 관계성을 표현할 수 있는 모델

데이터베이스를 만들어 보세요

관계형 데이터베이스로 도서관에 소장되어 있는 책이나 연락처를 기록하기 위한 주소록을 데이터베이스로 만들어 봅시다. 어떤 테이블이나 컬럼이 필요한지 생각해 보세요. 또한 레코드를 추가했을 때 필드에 어떤 값이 들어갈지도 생각해 봅시다.

도서관에 소장되어 있는 책 예시

이름	저자이름	장르	대출현황
프로그램 입문	홍길동	IT	대출중
데이터베이스 활용술	임꺽정	IT	소장
엔지니어	이순신	비즈니스	대출중

주소록 예시

이름	영문이름	전화번호	이메일 주소
홍길동	Hong Gildong	010-****-****	Honggildong@***.com
이순신	Lee Sunshin	010-****-****	Leesunshin@***.com

Chapter 3

데이터베이스 조작

SQL 사용법

Database

» 데이터베이스 조작 준비

데이터베이스 조작 준비 및 접속 방법 //////////////////////////////////////

1-6절에서 데이터베이스를 조작하는 언어인 SQL에 대해 설명했는데, 지금부터는 구체적으로 어떤 **SQL 명령어**가 있는지 설명해보겠습니다.

SQL 명령어를 사용하여 데이터베이스를 조작하기 위해서는 먼저 준비 단계로써 데이터베이스 관리 시스템에 접속해야 합니다. 비슷한 이미지로는 인터넷에서 쇼핑할 때 쇼핑 사이트에 로그인하는 것과 비슷합니다. 쇼핑 사이트에 로그인하면 자신의 계정(Account) 정보나 지금까지 구입한 상품을 확인할 수 있으며 신규 소식들을 받을 수 있는 것과 마찬가지로 데이터베이스에 접속하는 것으로 명령을 받아들일 준비가 가능하게 됩니다.

데이터베이스 접속은 명령어를 입력할 수 있는 소프트웨어에서 데이터베이스에 접속하는 명령어를 실행하는 것이 일반적입니다. 데이터베이스 관리 소프트웨어에 따라 SQL 명령어가 다르지만 호스트 명이나 사용자 명, 패스워드, 데이터베이스 명을 지정하는 경우가 많습니다. 그림 3-1의 명령어는 데이터베이스 관리 소프트웨어가 MySQL인 경우의 예시입니다.

명령어를 사용하지 않고 접속하다 //////////////////////////////////////

개발자가 아니면 명령어 조작이 그다지 익숙하지 않아서 다소 어려울지도 모릅니다. 데이터베이스 관리 시스템에 따라 다르지만 전용 클라이언트(Client) 소프트웨어를 사용해 접속할 수 있거나, 브라우저에서 전용 관리 페이지에 접속해 데이터베이스를 조작하는 방법이 준비되어 있는 경우도 있습니다(그림 3-2). 이 방법에서는 명령어를 사용하지 않아도 PC 소프트웨어처럼 직관적인 방법을 통해 데이터베이스에 접속해 조작할 수 있습니다. 다만, 사용하고 있는 소프트웨어가 어느 정도의 기능을 갖추고 있는지에 따라 다르겠지만 보다 고도의 작업이나 세세한 설정을 하고 싶다면 역시 SQL을 사용해야 합니다.

그림3-1 데이터베이스에 접속한다

명령어

mysql -h 호스트명 -u 사용자명 -p 데이터베이스명

접속

명령어 입력 소프트웨어   데이터베이스 관리 시스템

그림3-2 클라이언트 소프트웨어나 관리 페이지로부터 접속

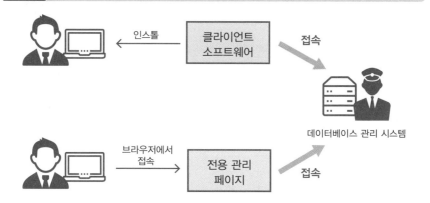

인스톨   클라이언트
         소프트웨어   접속

데이터베이스 관리 시스템

브라우저에서
접속   전용 관리
      페이지   접속

Point

✔ SQL 명령어를 사용하여 데이터베이스를 조작하기 위해서는 데이터베이스 관리 시스템
  에 접속할 필요가 있다.

✔ 데이터베이스 접속 방법에는 명령어를 사용하여 접속하는 방법 이외에 전용 클라이언
  트 소프트웨어나 관리 페이지를 통하여 접속하는 방법도 있다.

≫ 데이터를 조작하는 명령의 기본 문법

SQL 언어에는 규칙이 있다

데이터베이스를 조작할 때 사용하는 **SQL 언어의 문장**은 특정한 규칙에 따라 구성되어 있어 대략적인 기본 문법을 알아두면 더 잘 이해할 수 있습니다.

SQL 문장은 지정하고자 하는 항목과 값으로 이루어진 세트들을 결합한 형태가 기본입니다. 예를 들어 그림 3-3은 「SELECT」 문이라고 불리는 명령어인데, 항목과 값의 세트가 연결되어 있는 것을 알 수 있으며, 문장의 끝에는 반드시 세미콜론(;)이 붙어 있습니다(「SELECT」에 대해서는 3-7절 참조).

SQL 문장 예시

그림 3-4는 테이블에서 데이터를 가져오는 명령어 예제입니다. 이 명령어는 다음과 같이 분해하여 생각할 수 있습니다.

- ◆ **SELECT name** : 「name」 컬럼 값을 표시한다
- ◆ **FROM menus** : 「menus」 테이블에서 데이터를 가져온다
- ◆ **WHERE category = 「한식」** : 「category」 컬럼이 「한식」인 레코드를 검색한다

위의 세 가지를 합하면 「menus」 테이블에서 「category」 컬럼이 「한식」인 레코드를 검색하고 해당 레코드의 「name」 컬럼에 들어 있는 값을 표시하겠다는 명령문이 됩니다.

여기서는 테이블에서 값을 얻어 오는 SQL 문장을 예로 들었는데, 이 밖에도 레코드를 추가하거나 편집, 삭제하는 등 다양한 종류의 SQL 문장들이 있습니다. 이러한 SQL 문장들에 대해서도 이 장에서 소개한 것처럼 문법으로 생각할 수 있습니다(그림 3-5). 그렇기 때문에 「FROM」이나 「WHERE」 같은 항목의 의미를 기억하기만 해도 SQL 문장을 읽는데 도움이 될 겁니다.

그림3-3 SQL 언어의 기본문법

| SELECT | 컬럼명 | FROM | 테이블명 | WHERE | 조건 | ; |

항목　　　　명　　　　항목　　　　명　　　　항목　　　　명

맨 나중에는 세미콜론

그림3-4 「SELECT」 문장 예시

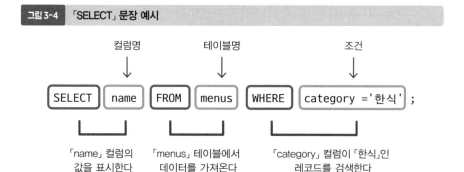

컬럼명　　　　테이블명　　　　조건

| SELECT | name | FROM | menus | WHERE | category ='한식' | ; |

「name」컬럼의　　　　「menus」테이블에서　　　　「category」컬럼이 「한식」인
값을 표시한다　　　　데이터를 가져온다　　　　레코드를 검색한다

그림3-5 다양한 SQL 문장 예시

| INSERT INTO | menus (id, name) | VALUES | (1, '카레') | ; |

| UPDATE | menus | SET | name = '스튜*' | WHERE | id = 1 | ; |

| DELETE FROM | menus | WHERE | id = 1 | ; |

어떠한 문장이라도 동일한 형식

* 스튜 : stew, 요리의 한 종류.

Point

✔ SQL 언어는 지정하고자 하는 항목과 값으로 이루어진 세트를 결합한 형태가 기본이다.
✔ 문장 끝에는 세미콜론을 붙인다.

≫ 데이터베이스를 생성·삭제한다

복수의 데이터베이스를 관리할 수 있다.

데이터베이스 관리 시스템에서는 복수의 데이터베이스를 관리할 수 있습니다(그림 3-6). 예를 들어 어떤 점포의 상품 정보를 관리하는 데이터베이스를 생성하고 그것과는 별개로 전혀 다른 용도인 스케줄 관리 앱에서 사용하는 데이터베이스를 생성할 수 있습니다. 이들 데이터베이스는 용도가 달라도 같은 데이터베이스 관리 시스템에서 관리할 수 있습니다.

또한 앱 개발에 있어서 실제 운영 환경용 데이터베이스와는 별개로 테스트에서 사용하는 개발 환경용 데이터베이스를 생성하는 상황도 가능합니다.

데이터베이스를 생성하다

새로운 데이터베이스를 생성할 때는 명령어로 데이터베이스 이름을 지정하여 생성합니다. 데이터베이스 이름은 나중에 이름만 보았을 때 무엇에 사용되는 데이터베이스인지 구별하기 쉬운 이름으로 생성하는 것이 좋습니다.

그림 3-7은 명령어를 사용하여 「데이터베이스D」라는 이름의 데이터베이스를 생성한 예시입니다. MySQL에서는 데이터베이스 생성에는 「**CREATE DATABASE**」 문장을 사용합니다.

데이터베이스를 삭제하다

데이터베이스가 필요 없게 되었을 때는 삭제할 수 있습니다. 이때 데이터베이스 안에 저장되어 있는 내용들도 사라져 버리게 되므로 주의해야 합니다.

그림 3-8은 명령어를 사용하여 「데이터베이스D」라는 이름의 데이터베이스를 삭제하는 예시입니다. MySQL에서는 데이터베이스 삭제에 「**DROP DATABASE**」 문장을 사용합니다.

| 그림3-6 | 복수의 데이터베이스를 관리 |

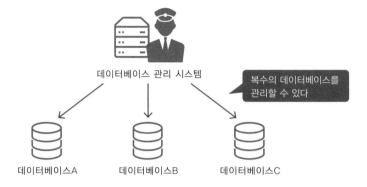

데이터베이스 관리 시스템

복수의 데이터베이스를 관리할 수 있다

데이터베이스A   데이터베이스B   데이터베이스C

| 그림3-7 | 데이터베이스 생성 |

명령어

CREATE DATABASE 데이터베이스D;

추가

데이터베이스A   데이터베이스B   데이터베이스C   데이터베이스D

| 그림3-8 | 데이터베이스 삭제 |

명령어

DROP DATABASE 데이터베이스D;

삭제

데이터베이스A   데이터베이스B   데이터베이스C   데이터베이스D

Point

✔ 데이터베이스 관리 시스템에서 복수의 데이터베이스를 관리할 수 있다.

✔ 데이터베이스를 생성할 때는 「CREATE DATABASE」 문장을 사용한다.

✔ 데이터베이스를 삭제할 때는 「DROP DATABASE」 문장을 사용한다.

>> 데이터베이스 목록을 표시 · 선택하다

데이터베이스 목록 표시 //

생성한 데이터베이스 이름은 목록에서 확인할 수 있습니다. MySQL의 경우에는 「SHOW DATABASES」 같은 명령어를 사용합니다(그림 3-9).

3-3절과 같이 데이터베이스를 생성한 후 데이터베이스가 올바르게 생성되었는지 확인하거나 데이터베이스를 삭제하기 전이나 이후 설명할 데이터베이스를 선택할 때나 대상이 되는 데이터베이스의 이름을 확인하고자 하는 상황에서 이용됩니다.

데이터베이스는 선택해서 사용한다 //

데이터베이스에 대해 뭔가 작업을 할 때는 수많은 데이터베이스 중에서 어떤 데이터베이스에 대해 작업을 할 것인지 미리 지정해 둘 필요가 있습니다. MySQL의 경우에는 「USE」 명령어를 사용하지만, 그림 3-10과 같이 「USE」 후에 데이터베이스 명을 지정하면 앞으로 해당 이름의 데이터베이스를 사용한다라고 선언할 수 있고 그 이후 모든 조작들은 지정된 데이터베이스를 대상으로 행해집니다.

이 뒤의 절에서 설명하는 테이블 생성이나 삭제, 데이터 취득 작업은 특정 데이터베이스를 대상으로 수행하는 작업입니다. 이러한 작업을 실시하기 전에는 반드시 어떤 데이터베이스를 대상으로 하는 조작인지 미리 지정해 둘 필요가 있습니다.

데이터베이스를 바꾸다 //

만약 어떤 데이터베이스에 대해 작업을 하다가 다른 데이터베이스로 바꿔서 작업을 하고 싶을 때에는 다시 「USE」 명령을 실행해서 다른 데이터베이스를 지정합니다. 그러면 그 이후의 작업은 새로 바뀐 데이터베이스에 대해서 수행하게 됩니다.

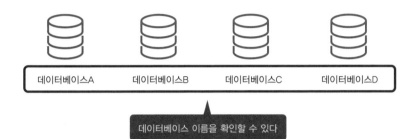

그림 3-9 데이터베이스 목록 표시

명령어

```
SHOW DATABASES;
```

데이터베이스A   데이터베이스B   데이터베이스C   데이터베이스D

데이터베이스 이름을 확인할 수 있다

Chapter

3

데이터베이스 목록을 표시·선택하다

그림 3-10 데이터베이스 선택

명령어

```
USE 데이터베이스C;
```

이제부터 이것을 사용합니다

데이터베이스A   데이터베이스B   데이터베이스C   데이터베이스D

Point

✔ 데이터베이스 이름을 목록으로 표시할 때 「SHOW DATABASES」 명령어를 사용한다.
✔ 데이터베이스에 대해 뭔가 작업을 할 때는 먼저 USE 명령어로 데이터베이스를 선택
한다.

>> 테이블을 생성 · 삭제한다

테이블의 생성

2-2절에서 데이터를 저장해 두기 위한 표를 테이블이라고 한다는 것을 설명했습니다. 이 테이블은 SQL을 통해서 만들게 됩니다. MySQL에서는 「**CREATE TABLE**」 문장을 사용하여 테이블을 만드는데, 이때 생성하고 싶은 테이블과 컬럼(열)의 이름, 데이터 유형(Type)을 지정합니다(데이터 유형에 대해서는 4-1절 참조). 그림 3-11에서는 「id」와 「name」 컬럼을 갖는 「menus」라는 이름의 테이블을 생성하고 있습니다.

데이터베이스 안에서 복수의 테이블을 만들 수 있다

3-3절에서 생성한 하나의 데이터베이스 안에는 복수의 테이블을 생성할 수 있습니다. 그리고 하나의 테이블에는 처음 만든 컬럼 항목만 저장할 수 있습니다. 다른 종류의 데이터를 저장하고자 하는 경우에는 별도의 테이블을 생성해서 테이블을 분리하여 데이터를 관리하는 것이 일반적입니다. 예를 들면 도서관 데이터베이스 안에는 소장하고 있는 책 정보를 저장하는 테이블과 책의 대출 이력을 저장하는 테이블을 생성하는 방식입니다(그림 3-12).

테이블을 삭제 · 확인한다

테이블이 필요 없어지거나 잘못 생성된 경우에는 테이블을 삭제할 수 있으며, MySQL에서는 「**DROP TABLE**」 문장을 사용하여 삭제하고자 하는 테이블 이름을 지정합니다. 그림 3-13에서는 「menus」라는 이름의 테이블을 삭제하고 있습니다.

또한 생성된 테이블을 확인할 수도 있는데, MySQL에서는 「SHOW TABLES」와 같은 명령어를 사용합니다. 생성한 테이블이 제대로 만들어졌는지 혹은 데이터베이스 내에 어떤 테이블이 있는지 확인할 때 사용합니다.

그림 3-11 **테이블 생성**

명령어

```
CREATE TABLE menus (id INT, name VARCHAR(100));
```

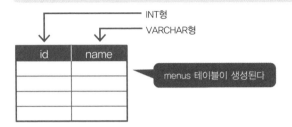

INT형

VARCHAR형

menus 테이블이 생성된다

그림 3-12 **데이터베이스 안에서 복수의 테이블 생성**

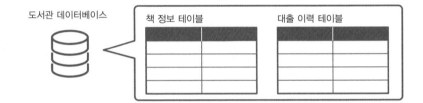

도서관 데이터베이스

책 정보 테이블

대출 이력 테이블

그림 3-13 **테이블 삭제**

명령어

```
DROP TABLE menus;
```

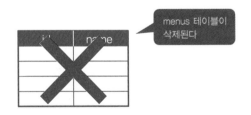

menus 테이블이
삭제된다

Point

✔ 테이블을 생성할 때는 「CREATE TABLE」 문장을 사용한다.

✔ 테이블을 삭제할 때는 「DROP TABLE」 문장을 사용한다.

✔ 「SHOW TABLES」 명령어로 테이블 목록을 확인할 수 있다.

≫ 레코드를 추가한다

레코드(행) 추가 \\

2-2절에서 테이블의 행에 해당하는 것이 레코드라는 것을 설명했습니다. 이 레코드를 SQL을 사용해서 테이블에 추가해보겠습니다.

MySQL에서는 테이블에 레코드를 추가할 때 「INSERT INTO」 문장을 사용합니다. 데이터를 추가하고 싶은 테이블 이름 및 각각의 컬럼 이름과 컬럼에 넣고 싶은 값을 지정합니다.

그림 3-14 예에서는 「menus」 테이블에 id가 「1」이고 name이 「카레」인 레코드를 추가하고 있습니다. 마찬가지로 그 후에는 id가 「2」이면서 name이 「스튜」인 레코드를 추가하는 것처럼 테이블에 점차 데이터를 쌓아갈 수 있습니다.

데이터 형에 주의 \\\

레코드를 추가할 때는 컬럼의 데이터 형(Data Type)에 맞는 값을 지정해야 합니다. 데이터 형에 대해서는 4-1절에서 자세히 설명하는데, 가령 id 컬럼이 숫자형이라면 그 컬럼에 넣는 값은 숫자 이외 값을 넣을 수 없습니다(그림 3-15).

데이터베이스 관리 시스템의 종류에 따라서 동작은 다르지만 컬럼에 할당되어 있는 형(Type)과 다른 값을 저장하려고 하면 에러가 나거나 그 컬럼의 데이터 형에 맞도록 포맷(Format)을 고쳐서 저장될 수도 있습니다.

예를 들어 숫자형 컬럼에 굳이 문자열을 넣으려고 하면 MySQL에서는 자동으로 id 컬럼의 값은 「0」이 입력된 상태가 됩니다. 또한 문자형 컬럼에 숫자 1을 넣어보면 자동으로 문자형인 「1」로 저장됩니다. 동일한 「1」이라도 데이터상에서 문자열과 숫자는 구별됩니다(명령어에서도 「1」은 숫자지만, 「'1'」은 문자열로 구별하여 취급됩니다).

그림 3-14 새로운 레코드 삽입

명령어

```
INSERT INTO menus (id, name) VALUES (1, '카레');
```

menus 테이블

id	name
1	카레

새로운 레코드를 삽입

그림 3-15 컬럼의 데이터 형에 맞지 않는 값은 입력되지 않는다

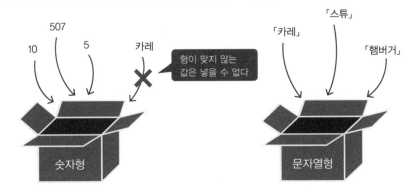

10   507   5   카레

형이 맞지 않는 값은 넣을 수 없다

「카레」   「스튜」   「햄버거」

숫자형   문자열형

Point

✔ 테이블에 레코드를 추가할 때는 「INSERT INTO」 문장을 사용한다.

✔ 레코드를 추가할 때는 컬럼의 데이터 형에 맞는 값을 지정해야 한다.

» 레코드를 취득한다

레코드의 취득 //

사용자 정보를 저장하고 있는 테이블에서 연락처를 확인하고 싶을 때나, 일정을 저장하고 있는 테이블에서 오늘 일정을 확인하고 싶을 때는 테이블에 저장되어 있는 데이터를 가져와야 합니다. 그러한 경우에는 테이블에 저장되어 있는 레코드를 다양한 형태로 취득하여 목적했던 데이터를 확인할 수 있습니다.

테이블에 저장되어 있는 레코드를 취득할 때는 「**SELECT**」 문장을 사용하고 취득 대상이 되는 테이블의 이름을 지정합니다.

그림 3-16은 「menus」 테이블에서 데이터를 가져오는 예시입니다. 명령어를 실행하여 테이블에 저장되어 있는 모든 데이터를 가져올 수 있습니다.

지정한 컬럼 값만 보기 //

그림 3-16과 같이 「SELECT」 뒤에 「*」(Asterisk, 그리스어로 별)를 지정한 경우 테이블의 모든 컬럼들의 값을 확인할 수 있습니다. 한편 「*」 대신 컬럼 이름을 지정하면 지정한 컬럼의 값만 볼 수 있습니다. 예를 들어 그림 3-17과 같이 「SELECT」 뒤에 「name」이라고 지정하면 「name」 컬럼 값만 얻을 수 있습니다.

여러 컬럼을 지정하다 //

컬럼명은 「,」로 구분하여 여러 개를 지정할 수 있습니다.

그림 3-17과 같이 「name」 부분을 「name, category」처럼 바꾸면 「name」과 「category」 컬럼의 값을 얻을 수 있습니다. 이와 같이 데이터베이스에서는 즉시 원하는 데이터를 꺼낼 수 있도록 다양한 패턴으로 값을 취득할 수 있습니다.

그림 3-16 테이블로부터 모든 데이터를 취득한 결과 예시

명령어

```
SELECT * FROM menus;
```

저장되어 있는 레코드를 취득

menus 테이블

name	category
햄버거	양식
설렁탕	한식
오므라이스	양식

그림 3-17 컬럼을 지정한 경우의 결과 예시

명령어

```
SELECT name FROM menus;
```

menus 테이블

name	category
햄버거	양식
설렁탕	한식
오므라이스	양식

name 컬럼의 값만 취득

Point

✔ 테이블에 저장되어 있는 레코드를 가져올 때는 「SELECT」 문장을 사용한다.

✔ 「SELECT」 뒤에 「*」를 지정한 경우에는 모든 컬럼의 값, 컬럼 이름을 지정한 경우에는 지정한 컬럼 값만 얻을 수 있다.

3-8

WHERE, =, AND, OR

≫ 조건에 일치하는 레코드의 범위를 좁힌다

검색 조건의 지정 //

3-7절의 방법으로 테이블의 모든 레코드를 취득할 수 있었습니다. 데이터의 건수가 적은 경우라면 문제가 없겠지만 하나의 테이블에 수천에서 수만 개의 레코드가 저장되어 있다면 원하는 데이터를 찾는 것이 힘들어집니다. 그러한 경우에는 「WHERE」를 사용하여 조건에 맞는 레코드로 범위를 좁힐 수 있습니다.

어떤 컬럼에 저장되어 있는 값이 지정한 값에 일치하는 레코드 만을 취득하고자 하는 경우에는 「=」을 검색 조건으로 사용합니다. 예를 들면 「users」 테이블에서 「age」 컬럼의 값이 「21」인 데이터를 검색하고 싶은 경우에는 「WHERE」 뒤에 「age = 21」이라는 조건을 지정합니다(그림 3-18).

복수의 검색 조건에 일치하는 레코드를 취득한다 //////////////////////////////////////

복수의 검색 조건을 지정할 때는 「AND」를 사용합니다. 「users」 테이블로부터 「name」 컬럼의 값이 「홍길동」, 「age」 컬럼의 값이 「21」인 데이터를 검색하고 싶은 경우는 「name = '홍길동'」과 「age = 21」 조건을 「AND」로 연결합니다(그림 3-19).

또한 복수의 검색 조건 중 어느 한쪽의 조건에 일치하는 데이터를 검색하려면 「OR」을 사용합니다. 예를 들어 「users」 테이블에서 「name」 컬럼의 값이 「임꺽정」 혹은 「이순신」인 데이터를 검색하고 싶은 경우는 그림 3-20과 같이 「name = '임꺽정'」과 「name = '이순신'」 조건을 「OR」로 연결하게 됩니다.

보다 복잡한 검색 조건의 지정 방법 //

「AND」와 「OR」을 조합하면 보다 복잡한 조건도 지정할 수 있습니다. 예를 들어 「WHERE」 뒤에 「age = 32 AND (name = '홍길동' OR name = '임꺽정')」으로 지정하면 「age」 컬럼 값이 「32」이고 「name」 컬럼 값이 「홍길동」 혹은 「임꺽정」인 데이터를 검색할 수 있습니다(그림 3-20).

그림 3-18 검색 조건 지정

명령어

```
SELECT * FROM users WHERE age = 21;
```

name	age
홍길동	21
이순신	36
임꺽정	30
강감찬	18

「age」가 「21」에 해당하는
레코드를 취득

그림 3-19 복수의 검색 조건을 지정한 경우 (AND)

명령어

```
SELECT * FROM users WHERE name = '홍길동' AND age = 21;
```

name	age
홍길동	21
이순신	36
임꺽정	30
강감찬	18

「name」이 홍길동이면서
「age」가 「21」에 해당하는
레코드를 취득

그림 3-20 복수의 검색 조건을 지정한 경우 (OR)

명령어

```
SELECT * FROM users WHERE name = '이순신' OR name = '임꺽정';
```

name	age
홍길동	21
이순신	36
임꺽정	30
강감찬	18

「name」이 「이순신」또는
「임꺽정」에 해당하는
레코드를 취득

Point

✔ 조건에 일치하는 레코드의 범위를 좁힐 때는 「WHERE」를 사용한다.

✔ 지정한 값에 일치하는 레코드만 취득하는 경우는 검색 조건에 「=」을 사용한다.

✔ 복수의 검색 조건을 지정할 때는 「AND」, 어느 하나의 검색 조건에 일치하는 데이터를 검색할 때는 「OR」를 사용한다.

Chapter
3

조건에 일치하는 레코드의 범위를 좁힌다

≫ 검색에 이용하는 기호 ①
– 일치하지 않는 값, 값의 범위지정

검색 조건에서 자주 사용하는 연산자

검색에 이용하는 기호를 연산자라고 부릅니다. 3-8절에서는 연산자 중 하나인 '='을 사용하여 조건을 지정했는데, 그 밖에도 다양한 종류가 있는데 여기에서는 검색 조건에서 자주 사용하는 연산자를 소개합니다.

지정한 값에 일치하지 않음 (!=)

3-8절에서 소개한 「=」을 「!=」로 바꾸면 저장되어 있는 값이 조건에 해당하는 값과 동일하지 않은 데이터를 검색할 수 있습니다. 예를 들어 「age != 21」이라고 하면 「age」 컬럼 값이 「21」이 아닌 데이터를 검색합니다.

어떤 값보다 크거나 작거나 (〉, 〈, 〉=, 〈=)

검색 조건에 「>」을 사용하면, 저장되어 있는 값이 조건에 해당하는 값보다 큰 데이터를 검색할 수 있습니다.

그림 3-21은 「age」 컬럼의 값이 30보다 큰 데이터(30은 포함하지 않음)를 검색하고 있는 예시입니다. 「>」 대신에 「>=」을 사용하면 30 이상(30도 포함됨)을 검색할 수도 있습니다.

마찬가지로 「<」를 사용하면 저장된 값이 조건에 해당하는 값보다 작은 조건, 「<=」을 사용하면 지정한 값이 조건에 해당하는 값 이하라는 조건을 지정할 수 있습니다.

어떤 값의 범위에 포함되어 있는가 (BETWEEN)

「BETWEEN」을 사용하면 어떤 2개의 숫자 값 사이에 포함된 데이터를 검색할 수 있고, 그림 3-22에서는 「age」 컬럼 값이 21 이상, 25 이하인 데이터를 검색하고 있습니다. 또한 「BETWEEN」을 「NOT BETWEEN」으로 바꾸면 「age」 컬럼 값이 21 이상, 25 이하에 해당되지 않는 데이터를 검색할 수도 있습니다.

그림 3-21 「>」를 사용한 데이터 취득

명령어

```
SELECT * FROM users WHERE age > 30;
```

name	age
홍길동	21
이순신	36
임꺽정	30
강감찬	18

「age」가 「30」보다 큰
레코드를 취득

그림 3-22 「BETWEEN」을 사용한 데이터 취득

명령어

```
SELECT * FROM users WHERE age BETWEEN 21 AND 25;
```

name	age
홍길동	21
이순신	36
임꺽정	30
강감찬	18

「age」가 「21 ~ 25」 범위에
포함되는 레코드를 취득

Point
✔ 지정한 값에 일치하지 않는 레코드를 취득하는 경우에는 검색 조건에 「!=」를 사용한다.
✔ 어떤 값보다 큰가, 작은가를 검색 조건으로 나타낼 때는, 「>」「<」「>」=「<=」를 사용한다.
✔ 어떤 값의 범위에 포함되어 있는지를 검색 조건으로 나타낼 때는 「BETWEEN」을 사용한다.

≫ 검색에 사용하는 기호 ②
– 값을 포함한 데이터, 빈 데이터 검색

어느 하나의 값이 포함되어 있는가 (IN)

「IN」을 사용하면 지정한 값이 포함된 데이터를 검색할 수 있습니다. 그림 3-23 예시에서는 「age」 컬럼 값이 21이나 30인 데이터를 검색하고 있습니다.

또한 「IN」을 「NOT IN」으로 바꾸면 「age」 컬럼의 값이 21이나 30에 해당되지 않는 데이터를 검색하는 것도 가능합니다.

어떤 문자가 포함되어 있는가 (LIKE)

「LIKE」를 사용하면 지정한 문자가 포함되어 있는 데이터를 검색할 수 있습니다. 그림 3-24 예시에서는 「name」 컬럼 값의 단어 맨 앞이 「홍」으로 시작하는 데이터를 검색하고 있습니다. 또한 「LIKE」를 「NOT LIKE」로 바꾸어 놓으면 「name」 컬럼 값의 단어 맨 앞에 「홍」이 붙어있지 않은 데이터를 검색할 수도 있습니다.

검색에 사용하고 있는 「%」는 0문자 이상의 문자열을 의미하고 있습니다. 그렇기 때문에 「홍%」 대신에 「%홍」이라고 하면 단어의 마지막에 「홍」이 붙어 있는 데이터를 검색할 수 있고, 「%홍%」라고 하면 「홍」이 포함되어 있는 데이터를 검색할 수 있습니다. 「%」 외에 문자 1개를 의미하는 「_」도 있습니다.

NULL 여부 (IS NULL)

값이 없는 필드는 「NULL」로 표현됩니다(4-8절 참조). **「IS NULL」**을 사용하면 컬럼 값이 「NULL」인 데이터를 검색할 수 있습니다. 그림 3-25 예시에서는 「age」 컬럼 값이 NULL인 데이터를 검색하고 있습니다. 또한 「IS NULL」을 「IS NOT NULL」로 바꾸면 「age」 컬럼 값이 「NULL」이 아닌 데이터도 검색할 수 있습니다.

그림 3-23 「IN」을 사용한 데이터의 취득

명령어

```
SELECT * FROM users WHERE age IN (21, 30);
```

name	age
홍길동	21
이순신	36
임꺽정	30
홍반장	18

「age」가 「21」이나 「30」에
일치하는 레코드를 취득

그림 3-24 「LIKE」를 사용한 데이터의 취득

명령어

```
SELECT * FROM users WHERE name LIKE '홍%';
```

name	age
홍길동	21
이순신	36
임꺽정	30
홍반장	18

「name」이 「홍」으로
시작하는 레코드를 취득

그림 3-25 「IS NULL」을 사용한 데이터의 취득

명령어

```
SELECT * FROM users WHERE age IS NULL;
```

name	age
홍길동	21
이순신	36
임꺽정	NULL
홍반장	18

「age」가 「NULL」인
레코드를 취득

Point

✔ 어느 하나의 값에 포함되어 있는지 여부를 검색 조건으로 나타낼 때는 「IN」을 사용한다

✔ 어떤 문자가 포함되어 있는지를 검색 조건으로 나타낼 때는 「LIKE」를 사용한다.

✔ 「NULL」인지 아닌지를 검색 조건으로 나타낼 때는 「IS NULL」을 사용한다.

≫ 데이터를 갱신하다

레코드의 갱신

테이블에 저장되어 있는 레코드는 나중에 다른 내용으로 편집할 수 있습니다. 예를 들어 사용자 연락처가 바뀌었을 때 사용자 정보가 저장되어 있는 테이블의 정보를 변경하고 싶을 때나, 잘못 등록한 데이터를 나중에 수정하고 싶을 때 테이블에 저장되어 있는 데이터를 갱신합니다.

레코드를 갱신하는 명령어

테이블에 저장되어 있는 레코드를 갱신할 때는 「**UPDATE**」 문장을 사용합니다. 갱신 대상 테이블 이름이나 컬럼 이름, 갱신 후의 값, 갱신하고자 하는 레코드의 조건을 지정하여 사용합니다.

그림 3-26은 「menus」 테이블에서 「id」 컬럼 값이 「1」과 일치하는 데이터를 갱신하는 예이고, 「name」 컬럼 값을 「스튜」로 변경하고 있습니다. 이와 같이 「SET」 뒤에 갱신대상 컬럼과 변경 후의 값을 지정합니다. 갱신 후의 값을 지정할 때는, 「id = 2, name = '스튜'」와 같이 콤마(,)로 구분하여 여러 개의 컬럼 이름과 값을 지정할 수도 있습니다.

검색 조건을 조합하다

「UPDATE」 문장은 3-8절에서 설명한 「WHERE」를 조합하여 갱신대상 레코드를 지정하는 경우가 많습니다. 위 예제는 「id」 컬럼이 「1」인 레코드를 갱신대상으로 지정했지만, 그 밖에도 연산자를 사용하여 정확한 검색 조건을 갱신대상으로 지정할 수 있습니다.

그림 3-27은 「users」 테이블에서 「age」 컬럼 값이 「30」 이상인 레코드의 「status」 컬럼 값을 「1」로 갱신하는 예제입니다. 그 밖에도 「WHERE」의 뒤에 조건을 「name LIKE '홍%'」이라고 하면, 「name」 컬럼 값의 단어 선두에 「홍」이 붙어 있는 데이터만 갱신할 수 있습니다.

그림 3-26 레코드 갱신

명령어

```
UPDATE menus SET name = '스튜' WHERE id = 1;
```

menus 테이블

id	name
1	카레 → 스튜
2	햄버그
3	라멘
4	샌드위치

「id」가 「1」인
레코드를 취득

그림 3-27 >= 와 조합한 레코드 갱신

명령어

```
UPDATE users SET status = 1 WHERE age >= 30;
```

users 테이블

name	age	status
홍길동	21	0
임꺽정	36	0 → 1
마적단	30	0 → 1
이순신	18	0

「age」가 「30」인
레코드를 취득

Point

✔ 테이블에 저장되어 있는 레코드를 갱신할 때는 「UPDATE」 문장을 사용한다.
✔ 「UPDATE」 문장은 「WHERE」와 조합하여 갱신 대상 레코드를 지정할 때 사용하는 경우
가 많다.

Chapter
3

데이터를 갱신하다

≫ 데이터를 삭제하다

레코드의 삭제

예를 들면 탈퇴한 사용자 정보를 지우고 싶을 때나, 잘못 등록한 데이터를 나중에 삭제하고 싶을 경우 테이블에 저장되어 있는 레코드는 필요에 따라서 삭제할 수 있습니다.

테이블에 저장되어 있는 레코드를 삭제할 때는 「DELETE」 문장을 사용하여 삭제 대상의 테이블 명이나 삭제하고자 하는 레코드의 조건을 지정합니다.

그림 3-28은 「menus」 테이블에서 「id」 컬럼 값이 「1」과 일치하는 데이터를 삭제하는 예시입니다.

검색 조건을 조합하다

「DELETE」 문장은 「UPDATE」 문장과 마찬가지로 3-8절에서 설명한 「WHERE」를 조합해서 삭제 대상 레코드를 지정하는 경우가 많습니다. 위 예제에서는 「id」 컬럼이 「1」인 레코드를 갱신대상으로 지정했지만, 그 밖에도 앞에서 소개한 연산자를 사용하여 다양한 검색 조건을 갱신대상으로 지정할 수 있습니다.

그림 3-29는 「users」 테이블에서 「age」 컬럼 값이 「21」에 일치하지 않는 데이터를 삭제하는 예시입니다. 그 밖에도 「WHERE」 뒤에 붙이는 조건을 「age IN (21, 25)」 라고 하면, 「name」 컬럼의 값이 「21」이나 「25」에 일치하는 데이터만을 삭제한다고 할 수 있습니다.

「DELETE」를 사용할 때 주의

「DELETE」 문장을 사용할 때 「WHERE」를 사용해서 삭제 대상 조건을 지정하지 않고 실행하게 되면 테이블의 모든 레코드가 삭제되니 주의해야 합니다. 처음에 「SELECT」 문장에서 삭제 대상 데이터를 가져오고 거기에 「DELETE」 문장으로 바꿔서 사용하면 부주의한 사고를 막을 수 있습니다.

그림 3-28 레코드 삭제

명령어

```
DELETE FROM menus WHERE id = 1;
```

menus 테이블

id	name
~~1~~	~~카레~~
2	햄버거
3	라면
4	샌드위치

「id」가 「1」인
레코드를 삭제

그림 3-29 != 와 조합한 레코드 삭제

명령어

```
DELETE FROM users WHERE age != 21;
```

users 테이블

name	age
홍길동	21
~~임꺽정~~	~~30~~
~~이순신~~	~~33~~
~~유관순~~	~~18~~

「age」가 「21」이 아닌
레코드를 삭제

Point

✔ 테이블에 저장되어 있는 레코드를 삭제할 때는 「DELETE」 문장을 사용한다.

✔ 「DELETE」 문장은 「WHERE」와 조합하여 삭제할 대상 레코드를 지정하는 경우가 많다.

≫ 데이터를 정렬하다

레코드의 정렬 //

테이블에 저장되어 있는 레코드는 저장되어 있는 값 순으로 정렬하여 가져올 수 있습니다.

예를 들어 사용자 정보가 등록되어 있는 테이블의 레코드를 연령순으로 정렬하거나 스케줄 정보가 등록되어 있는 테이블의 레코드를 예정일 순서대로 정렬하여 취득할 수 있습니다.

레코드를 오름차순, 내림차순으로 정렬하다 //

테이블에 저장되어 있는 레코드를 정렬하여 취득할 때는 「ORDER BY」를 사용합니다. 「ORDER BY」 뒤에 컬럼 이름을 지정하면 해당 컬럼 이름 값의 오름차순(작은 순)으로 정렬할 수 있습니다.

그림 3-30은 「users」 테이블의 레코드를 「age」 컬럼 값의 오름차순으로 정렬하는 예시입니다. 이것으로 연령이 작은 사용자 순으로 데이터를 취득할 수 있었습니다.

「ORDER BY」에서 지정한 컬럼 이름 뒤에 「DESC」를 붙이면 레코드를 지정한 컬럼 값의 내림(큰 순서)으로 정렬할 수 있습니다. 그림 3-31은 「users」 테이블의 레코드를 「age」 컬럼 값의 내림 순으로 정렬하는 예시입니다. 이렇게 함으로써 연령이 많은 사용자 순으로 데이터를 취득할 수 있었습니다.

「WHERE」를 조합한 예 ///

3-8절에서 소개한 「WHERE」와 조합할 수도 있습니다. 「WHERE age >= 30 ORDER BY age」 같이 명령하면 「age」 컬럼 값이 「30」 이상인 조건에 맞는 레코드만 오름차순으로 정렬하여 얻을 수 있습니다. 이렇게 지정한 조건에 일치하는 데이터를 대상으로 하여 정렬된 상태로 취득할 수도 있습니다.

그림3-30 오름차순으로 정렬

명령어

```
SELECT * FROM users ORDER BY age;
```

「age」가 작은 순으로 정렬

users 테이블

name	age
홍길동	21
임꺽정	36
이순신	33
유관순	16

명령어 실행 결과

name	age
유관순	16
홍길동	21
이순신	33
임꺽정	36

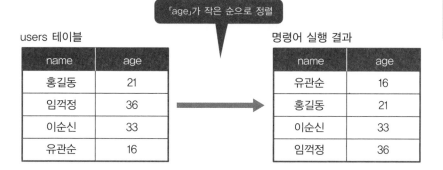

그림3-31 내림차순으로 정렬

명령어

```
SELECT * FROM users ORDER BY age DESC;
```

「age」가 큰 순으로 정렬

users 테이블

name	age
홍길동	21
임꺽정	36
이순신	30
홍두깨	18

명령어 실행 결과

name	age
임꺽정	36
이순신	30
홍길동	21
유관순	18

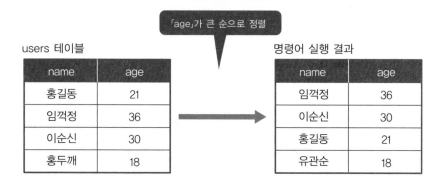

Point

✔ 테이블에 저장되어 있는 레코드를 정렬하여 취득할 때는 「ORDER BY」를 사용한다.

✔ 오름차순으로 정렬하는 경우는 「ORDER BY 컬럼명」, 내림차순으로 정렬하는 경우는 「ORDER BY 컬럼명 DESC」와 같이 적는다.

≫ 취득하는 데이터의 건수를 지정하다

취득하는 레코드의 개수 지정 //////////////////////////////////////

3-7절에서 소개한 「SELECT」 문으로 테이블에서 레코드를 가져올 때 일반적으로 모든 레코드를 대상으로 가져오게 됩니다. 이렇기 때문에 예상했던 것보다도 많은 수량의 데이터를 가져오게 되거나, 첫 번째 데이터만 있으면 되는데 필요 없는 여분의 데이터까지 가져오게 되어 버립니다.

「LIMIT」를 사용하면 취득하는 레코드의 상한을 정해서 그 이상의 데이터가 취득되지 않게 할 수 있습니다.

그림 3-32는 「users」 테이블로부터 맨 앞의 레코드 2건을 취득하는 예시입니다. 「LIMIT」 뒤에 지정한 숫자만큼 레코드를 가져오게 됩니다.

「ORDER BY」를 조합한 예 //////////////////////////////////////

「LIMIT」는 3-13절에서 소개한 「ORDER BY」와 조합해서 쓰는 경우가 많습니다. 「ORDER BY」와 조합하면, 매출이 큰 순서대로 정렬한 후 상위 10건에 해당하는 상품을 취득하거나 새롭게 추가된 상품을 5건 취득하거나 할 수 있습니다.

예를 들어 「ORDER BY age LIMIT 3」처럼 하면 「age」 컬럼의 값을 작은 순서대로 정렬하여 거기에서 3건의 레코드를 얻을 수 있습니다.

취득 개시 위치를 지정하다 //////////////////////////////////////

「LIMIT」와 「OFFSET」을 조합해서 사용하기도 합니다. 「OFFSET」은 레코드 취득의 시작 위치를 지정할 수 있는데, 그림 3-33 예시에서는 「users」 테이블의 3행에서부터 1건의 데이터를 취득하고 있습니다. 「OFFSET」로 지정하는 수는 「0」을 기점으로 하여, 「0」을 지정하면 1행째부터, 「1」을 지정하면 2행째부터 취득하는 상태가 됩니다.

이제 최초의 레코드뿐만 아니라 11번부터 20번째까지 중간의 데이터를 여러 건 추출할 수도 있습니다.

그림 3-32 **취득하는 레코드의 수를 지정**

명령어

```
SELECT * FROM users LIMIT 2;
```

users 테이블

name	age
홍길동	21
임꺽정	36
이순신	30
홍두깨	18

맨 앞에 있는 2건의 레코드를 취득

그림 3-33 **취득하기 시작하는 위치를 지정**

명령어

```
SELECT * FROM users LIMIT 1 OFFSET 2;
```

0기 기점이기 때문에
「0」은 1행째, 「1」은
2행째, 「2」는 3행째를 표시

users 테이블

name	age
홍길동	21
임꺽정	36
이순신	30
홍두깨	18

3행에서부터 1건의 레코드를 취득

Point

✔ 테이블에서 가져오는 레코드의 수를 지정할 때는 「LIMIT」을 사용한다.
✔ 「OFFSET」을 조합하면 취득을 시작하는 위치도 지정할 수 있다.

≫ 데이터의 건수를 취득하다

레코드 건수 카운트 //

사용자 정보가 저장되어 있는 테이블에 등록되어 있는 사용자가 몇 명인지, 도서관의 책 테이블에 소장되어 있는 책의 총 건수와 스케줄 정보가 등록되어 있는 테이블에서 작업(Task) 건수를 확인하는 경우, 테이블에 저장되어 있는 레코드의 건수를 카운트하여 그 값을 가져올 수 있습니다.

테이블에 저장되어 있는 레코드 건수를 가져오려면 **COUNT 함수**를 사용합니다. 그림 3-34는 「users」 테이블에서 레코드의 건수를 얻는 예시입니다. 「SELECT」 뒤에 「COUNT(*)」를 입력하면 해당하는 레코드의 건수를 얻을 수 있고, 이번 예시에서는 「4」라는 결과가 돌아옵니다.

「WHERE」를 조합한 예시 ///

레코드 건수를 카운트할 때에는 3-8절에서 소개한 「WHERE」와 조합할 수도 있습니다.

그림 3-35의 예시에서는 「users」 테이블의 「age」 컬럼 값이 「30」 이상인 조건에 맞는 레코드 건수를 얻었습니다. 이밖에도 남성의 인원수나 여성의 인원수를 세거나, 책 정보를 저장하고 있는 테이블에서 발매일을 검색 조건으로 사용해 오늘 새롭게 발매된 책의 건수를 알아내는 등 다양하게 사용할 수 있습니다.

데이터가 없는 레코드를 제외하고 카운트하다. /////////////////////////////

값이 없는 필드는 NULL로 표현되지만(4-8절 참조) NULL 데이터를 제외하고 카운트할 수도 있습니다.

「SELECT」 뒤를 「COUNT(age)」로 지정하면 「age」 컬럼 값이 NULL인 데이터를 제외하고 카운트할 수 있습니다.

그림 3-34 레코드 건수 취득

명령어

```
SELECT COUNT(*) FROM users;
```

users 테이블

name	age
홍길동	21
임꺽정	36
이순신	30
홍두깨	18

레코드 건수는 4건

그림 3-35 조건에 일치하는 레코드 건수 취득

명령어

```
SELECT COUNT(*) FROM users WHERE age >= 30;
```

users 테이블

name	age
홍길동	21
임꺽정	36
이순신	30
홍두깨	18

조건에 일치하는 레코드 건수는 2건

Point

✔ 테이블에 저장되어 있는 레코드 건수를 취득하려면 COUNT 함수를 사용한다.
✔ 지정한 컬럼에 데이터가 없는 레코드를 제외하고 카운트할 경우에는 「COUNT(컬럼 이름)」처럼 기술한다.

≫ 데이터의 최댓값 · 최솟값을 취득한다

함수를 사용하여 최댓값과 최솟값을 취득한다 \\\\\\\\\\\\\\\\\\\\\\\\\\\\\\\\\\\\

어떤 컬럼에 저장되어 있는 값의 최댓값이나 최솟값을 얻을 수 있습니다. 예를 들어 2, 7, 8, 3 중에서 가장 큰 숫자는 8이고 가장 작은 수는 2입니다. 이것들을 명령어를 사용해서 취득할 수 있습니다. 함수를 사용하면 데이터가 대량으로 있는 경우에도 테이블에 저장되어 있는 데이터에서 즉시 최대치나 최소치를 얻을 수 있습니다.

MAX 함수와 MIN 함수 \\\

최댓값을 취득하기 위해서는 **MAX 함수**를 사용합니다. 「SELECT」 뒤에 「MAX(컬럼 이름)」를 넣으면 해당 컬럼에 저장되어 있는 값의 최댓값을 얻을 수 있습니다. 그림 3-36은 「users」 테이블에서 「age」 컬럼 값의 최댓값을 얻는 예시입니다. 「age」 컬럼에는 21, 36, 30, 18이 저장되어 있기 때문에 명령어를 실행하면 「36」이 돌아옵니다.

최솟값을 취득하기 위해서는 **MIN 함수**를 사용합니다. 「SELECT」 뒤에 「MIN(컬럼 이름)」을 넣으면 해당 컬럼에 저장되어 있는 값의 최솟값을 얻을 수 있습니다. 그림 3-37은 「users」 테이블에서 「age」 컬럼 값의 최솟값을 얻는 예시입니다. 「age」 컬럼에는 21, 36, 30, 18이 저장되어 있기 때문에 명령어를 실행하면 「18」이 돌아옵니다.

「WHERE」를 조합한 예 \\

그림 3-36에서 나타낸 명령어에 「WHERE name LIKE '홍%'」과 같이 검색 조건을 추가하면 「users」 테이블의 「name」 컬럼 값의 선두에 「홍」이 붙어 있는 레코드 중에서 「age」 컬럼 값의 최댓값을 취득할 수 있습니다. 이번 경우는, 선두에 「홍」이 붙어 있는 대상의 레코드가 「홍길동(age: 21)」과 「홍두깨(age: 18)」이기 때문에, 그중에서 「age」 컬럼 값이 가장 큰 「21」이 응답으로 나타나게 됩니다.

그림3-36   최댓값 취득

명령어

```
SELECT MAX(age) FROM users;
```

users 테이블

name	age
홍길동	21
임꺽정	36
이순신	30
홍두깨	18

최댓값은 「36」

그림3-37   최솟값 취득

명령어

```
SELECT MIN(age) FROM users;
```

users 테이블

name	age
홍길동	21
임꺽정	36
이순신	30
홍두깨	18

최솟값은 「18」

Point

✔ 지정한 컬럼 값의 최댓값을 취득하려면 MAX 함수를 사용한다.
✔ 지정한 컬럼 값의 최솟값을 얻으려면 MIN 함수를 사용한다.

≫ 데이터의 합계 · 평균을 구한다

함수를 사용하여 합계와 평균을 구한다 //////////////////////////////////////

어떤 컬럼에 저장되어 있는 값의 합계나 평균을 얻을 수 있습니다. 예를 들어 2, 7, 8, 3의 합계는 20이고 평균은 5입니다. 이것을 명령어를 사용하여 취득할 수 있습니다. 함수를 사용함으로써 대량의 데이터가 저장된 테이블에서도 저장되어 있는 데이터 중에서 합계나 평균을 쉽게 얻을 수 있습니다.

SUM 함수와 AVG 함수 //////////////////////////////////////

합계를 취득하기 위해서는 **SUM 함수**를 사용합니다. 「SELECT」 뒤에 「SUM(컬럼 이름)」을 넣으면 해당 컬럼에 저장되어 있는 값의 합계를 얻을 수 있습니다. 그림 3-38은 「users」 테이블에서 「age」 컬럼 값의 합계를 얻는 예시입니다. 「age」 컬럼에는 21, 36, 30, 18이 저장되어 있기 때문에 명령어를 실행하면 「105」가 돌아옵니다.

평균을 취득하려면 **AVG 함수**를 사용합니다. 「SELECT」 뒤에 「AVG(컬럼명)」를 넣으면 그 컬럼에 저장되어 있는 값의 평균을 얻을 수 있습니다. 그림 3-39는 「users」 테이블에서 「age」 컬럼의 값의 평균을 얻는 예시입니다. 「age」 컬럼에는 21, 36, 30, 18이 저장되어 있기 때문에 명령어를 실행하면 「26.25」가 돌아옵니다.

「WHERE」를 조합한 예 //////////////////////////////////////

그림 3-38에 기술된 명령어에 「WHERE name LIKE '홍%'」과 같이 검색 조건을 더하면 「users」 테이블의 「name」 컬럼 값의 선두에 「홍」이 붙어 있는 레코드를 선두로 하여 「age」 컬럼 값의 합계를 얻을 수 있습니다. 이번 경우라면, 선두에 「홍」이 붙어 있는 대상의 레코드는 「홍길동(age: 21)」과 「홍두깨(age: 18)」이므로 두 「age」 컬럼 값의 합계인 「39」가 응답으로 돌아옵니다.

그림 3-38 합계 취득

명령어

```
SELECT SUM(age) FROM users;
```

users 테이블

name	age
홍길동	21
임꺽정	36
이순신	30
홍두깨	18

합계 값은 「105」

그림 3-39 평균 취득

명령어

```
SELECT AVG(age) FROM users;
```

Users 테이블

name	age
홍길동	21
임꺽정	36
이순신	30
홍두깨	18

평균 값은 「26.25」

Point
✔ 지정한 컬럼 값의 합계를 취득하려면 SUM 함수를 사용한다.
✔ 지정한 컬럼 값의 평균을 취득하려면 AVG 함수를 사용한다.

» 레코드를 그룹화한다

레코드를 그룹으로 묶어서 취득한다. ////////////////////////////////////

테이블에 저장되어 있는 컬럼의 값이 동일한 레코드를 그룹으로 묶어서 출력할 수 있습니다. 책에 대한 정보가 저장되어 있는 테이블을 예로 들면 카테고리마다 그룹화하는 것인데, 중복이 제외된 카테고리 목록을 취득할 수 있고 게다가 카테고리마다 책의 개수를 집계하는 것도 가능합니다. 또한 등록일자를 그룹으로 하면 날짜별 입고된 건수를 집계하는 것도 가능합니다.

레코드를 그룹화하기 위해서는 「GROUP BY」를 사용합니다. 그림 3-40은 「users」테이블의 「gender」 컬럼으로 그룹화하는 예시입니다. 이와 같이 「GROUP BY」 뒤에 그룹화하고 싶은 컬럼 이름을 지정합니다. 또한 「SELECT」에서 그룹화된 컬럼인 「gender」를 지정하므로 결과는 「man」과 「woman」 두 개가 돌아옵니다. 「man」의 레코드는 테이블에 3건 등록되어 있지만 그룹화되어 있으므로, 결과를 표시할 때는 중복된 값들은 1개의 행으로 처리해서 취득됩니다.

그룹별 레코드 건수를 취득하다 ////////////////////////////////////

3-15절에서 소개한 「COUNT」 함수를 사용하여 각 그룹마다 레코드 건수를 얻을 수 있습니다. 그림 3-41은 「users」 테이블의 「gender」 컬럼으로 그룹화하여 각 그룹마다 레코드의 건수를 얻는 예시입니다. 실행 결과는 「SELECT」에서 지정한 「gender」 컬럼의 값과 「COUNT(*)」에 의해 레코드 건수의 값이 표시됩니다. 이번에는 「man」 레코드가 3건, 「woman」 레코드가 1건이라는 결과를 얻을 수 있습니다. 또한 「COUNT」 함수 대신에 「MAX」 함수나 「MIN」 함수(3-16절), 「SUM」 함수나 「AVG」 함수(3-17절)도 동일하게 사용할 수 있습니다.

콤마(,)로 구분하면 여러 컬럼을 지정한 그룹화가 가능합니다. 예를 들어 「GROUP BY gender, age」로 지정하면 「gender」와 「age」 컬럼의 값이 모두 일치하는 레코드로 그룹화를 할 수 있습니다.

그림3-40 레코드의 그룹화

명령어

```
SELECT gender FROM users GROUP BY gender;
```

users 테이블

name	gender	age
홍길동	man	21
이순신	man	36
유관순	woman	30
홍두깨	man	18

「man」 그룹과
「woman」 그룹으로 모은다

그림3-41 그룹별 레코드 건수 취득

명령어

```
SELECT gender, COUNT(*) FROM users GROUP BY gender;
```

users 테이블

name	gender	age
홍길동	man	21
이순신	man	36
유관순	woman	30
홍두깨	man	18

「man」 레코드는 3건,
「woman」 레코드는 1건

Point

✔ 컬럼 값이 같은 레코드를 그룹화하려면 「GROUP BY」를 사용한다.
✔ 함수를 조합함으로써 그룹별 레코드 건수, 최댓값, 최솟값, 합계, 평균 등을 추출할 수 있다.

≫ 그룹화된 데이터에 추출 조건을 지정한다

그룹화된 결과의 범위 축소

3-18절에서 소개한 「GROUP BY」로 그룹화된 결과에 대해서, 추가적인 추출 조건을 지정할 수 있습니다. 예를 들어 책 정보가 저장된 테이블에서 레코드를 등록일로 그룹화하고 날짜별 입고된 책의 건수를 집계할 수 있지만, 추가로 조건을 더해 지정한 날짜에 해당하는 결과만을 추출할 수도 있습니다. 이렇게 그룹화된 후의 결과로부터 필요한 데이터만 추려서 취득할 수 있습니다.

추출 조건의 추가에는 「HAVING」을 사용합니다. 그림 3-42는 「users」 테이블의 「gender」 컬럼으로 그룹화하여 그룹별 레코드 건수를 집계하고, 거기에서 레코드 건수가 3건 이상인 결과만으로 범위를 좁히는 예시입니다. 「HAVING」 뒤에 그룹화로 집계한 결과의 추출 조건을 추가했기 때문에, 최종적으로 「man」의 레코드가 3건이라고 하는 결과만을 취득하고 있습니다.

「WHERE」와 「HAVING」의 차이점

「WHERE」와 「HAVING」은 검색 조건을 지정한다는 의미에서 사용법이 비슷하지만 실행되는 순서에 차이가 있습니다. 「WHERE」에서 지정한 조건은 그룹화 전에 수행되는데 반해, 「HAVING」에서 지정한 조건은 그룹화 이후에 실행됩니다. 사용자 정보가 저장되어 있는 테이블에서 남성 사용자가 3명 이상 등록되어 있는 연령을 집계하고 싶은 경우, 그림 3-43 같은 명령어를 기술하게 됩니다. 처리 순서는 아래와 같습니다.

❶ 「WHERE」를 사용하여 「남성」 레코드만 추출
❷ 「GROUP BY」와 「COUNT(*)」에서 연령별 그룹화와 집계
❸ 「HAVING」에서 레코드 건수가 3건 이상인 연령의 데이터만을 추출

그림 3-42 그룹화된 결과의 추출

명령어

SELECT gender, COUNT(*) FROM users GROUP BY gender HAVING COUNT(*) >= 3;

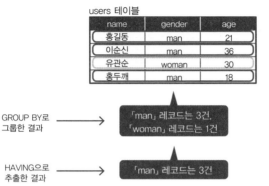

그림 3-43 WHERE와 HAVING의 실행 순서

명령어

SELECT age, COUNT(*) FROM users WHERE gender = 'man' GROUP BY age HAVING COUNT(*) >= 3;

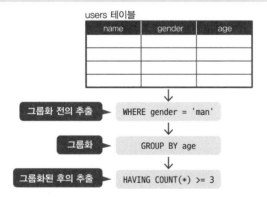

≫ 테이블을 결합해서 데이터를 가져온다

테이블 결합에 필요한 요소 //

2-3절에서 설명했듯이, 두 개 이상의 테이블을 결합해서 한 번에 데이터를 얻는 것을 테이블 결합이라고 합니다. 여기서는 실제 명령어를 사용하여 테이블 결합하기 위해 필요한 지식을 설명합니다.

명령어를 사용하여 테이블을 결합하는 것은 결합주체가 되는 테이블에 결합객체가 되는 테이블을 붙이는 개념입니다. 그때 결합주체와 결합객체 각각의 테이블명과 2개의 테이블 간에 공통 키(KEY)가 되는 값을 저장해 두는 컬럼 이름이 필요합니다 (그림 3-44). 그래서 명령어 중에서 「JOIN」을 이용해 이러한 요소를 지정함으로써 테이블 결합을 실현할 수 있습니다.

도서관 데이터베이스를 예로 들어 봅시다. 그림 3-45와 같은 「대출일」과 「책 ID」가 저장되어 있는 대출이력 테이블이 있다고 합시다. 이 테이블만 대상으로 하면 책 제목이나 장르를 알 수 없습니다. 그래서 책 정보 테이블과 결합해서 한번에 데이터를 얻고 싶어졌습니다. 그러한 경우에 결합주체가 되는 대출이력 테이블에 결합객체인 책 정보 테이블을 붙여 취득합니다. 이때 결합에 필요한 요소로 다음을 들 수 있습니다.

- ◆ 결합주체 테이블명 : 대출이력/결합주체 컬럼명 : 책 ID
- ◆ 결합객체 테이블명 : 책 정보/결합객체 컬럼명 : ID

테이블 결합의 종류 //

테이블의 결합 종류에는 내부결합과 외부결합이 있습니다.

내부결합은 테이블끼리 키가 되는 컬럼의 값이 일치하는 데이터만을 결합하여 얻는 방법으로 자세한 내용은 3-21절에서 설명하겠습니다.

외부결합은 테이블끼리 키가 되는 컬럼의 값이 일치하는 데이터를 결합하고 여기에 더하여 원래 테이블에만 존재하는 데이터도 얻는 방법으로 자세한 내용은 3-22절에서 설명하겠습니다.

그림 3-44 테이블 결합에 필요한 요소

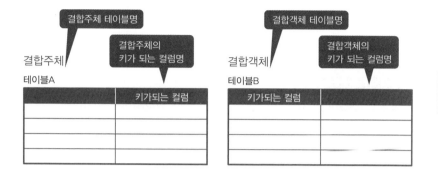

그림 3-45 테이블 결합에 필요한 요소의 예시

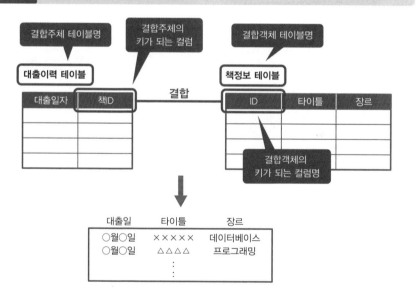

Point

✔ 테이블 결합을 할 때는 결합주체와 결합객체 각각의 테이블 이름과 키가 되는 컬럼의
이름이 필요하다.

✔ 명령어 중에서 「JOIN」을 이용하여 테이블 결합을 한다.

≫ 값이 일치하는 데이터를 취득한다

값이 일치하는 레코드만 취득 //

키가 되는 컬럼 값이 테이블 간에 일치하는 레코드만을 결합하여 얻는 방식을 **내부결합**이라고 합니다. 그림 3-46은 상품을 구매한 사용자 목록이 저장되어 있는 「users」 테이블과 상품 정보가 저장되어 있는 「items」 테이블을 내부결합하는 예시입니다. 두 테이블에는 「상품ID」라는 공통 컬럼이 마련되어 있습니다. 상품ID가 「2」와 「3」인 레코드는 양쪽 테이블 모두 존재하므로 내부결합을 하면 각각의 레코드를 조합하여 출력할 수 있습니다.

이때 「users」 테이블에 있는 「상품ID」가 「5」(사용자명: 홍길동)인 레코드는 「items」 테이블의 「상품ID」 컬럼의 값에 존재하지 않기 때문에 결과에는 표시되지 않습니다. 마찬가지로 「items」 테이블에 있는 「상품ID」가 「1」(상품명: 빵)이나 「4」(상품명: 계란)인 레코드도 「users」 테이블의 「상품ID」 컬럼 값에 존재하지 않으므로 결과에는 표시되지 않습니다.

내부결합 명령어 //

내부결합을 실시할 때는 「INNER JOIN」을 사용합니다. 그림 3-47은 「users」 테이블과 「items」 테이블을 내부결합하는 명령어의 예시입니다. 「INNER JOIN」 뒤에 결합할 테이블 이름, 「ON」 뒤에 결합의 키가 될 컬럼 이름을 「결합주체 컬럼 이름 = 결합객체 컬럼 이름」 같은 형태로 지정합니다. 이때 컬럼명은 「테이블명.컬럼명」과 같이 지정합니다.

이번 경우는 「INNER JOIN」의 뒤에 지정하고 있는 「items」가 결합객체의 테이블명이 됩니다. 그리고 「ON」 뒤에 「users.item_id = items.id」처럼 지정을 했기 때문에 「users」 테이블의 「item_id」 컬럼과 「items」 테이블의 「id」 컬럼을 키로 결합을 하고 있는 것입니다.

그림 3-46   **테이블 내부결합**

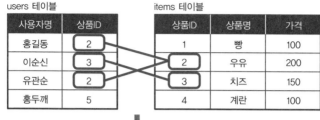

내부결합

그림 3-47   **내부결합 예시**

명령어

```
SELECT * FROM users INNER JOIN items ON users.item_id = items.id;
```

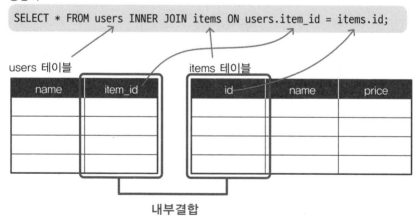

내부결합

Point

✔ 키가 되는 컬럼 값이 일치하는 데이터만을 결합해서 얻는 방법을 「내부결합」이라고 부른다.

✔ 내부결합을 실시할 때는 「INNER JOIN」을 사용한다.

≫ 기준이 되는 데이터와 거기에 일치하는 데이터를 취득한다

결합주체 데이터와 값이 일치하는 결합객체 데이터를 취득 〰〰〰〰〰〰〰〰〰

결합주체 테이블의 데이터와 거기에 더해서 키가 되는 컬럼의 값이 일치하는 결합객체 데이터를 결합하여 취득하는 방법을 **외부결합**이라고 합니다. 그림 3-48은 상품을 구매한 사용자 목록이 저장되어 있는 「users」 테이블과 상품 정보가 저장되어 있는 「items」 테이블을 외부결합하는 예시입니다. 2개의 테이블에는 「상품ID」라고 하는 공통의 컬럼이 존재하고 상품ID가 「2」와 「3」인 레코드는 양쪽 테이블에 존재하고 있기 때문에 외부결합을 실시하면, 각각의 레코드가 조합되어 출력됩니다. 이때 결합주체가 되는 「users」 테이블에 있는 「상품ID」가 「5」(사용자명 : 홍두깨)인 레코드도 결과에 표시됩니다. 단지 대응하는 레코드가 「items」 테이블에 없기 때문에, 상품명과 가격의 값은 없습니다. 또한 결합객체인 「items」 테이블에 있는 「상품ID」가 「1」(상품명: 빵)이나 「4」(상품명: 계란)인 레코드는 「users」 테이블의 「상품ID」 컬럼 값에 존재하지 않으므로 결과에는 표시되지 않습니다.

외부결합 명령어 〰〰〰〰〰〰〰〰〰〰〰〰〰〰〰〰〰〰〰〰〰〰〰〰〰〰〰〰〰〰

외부결합을 할 때는 「**LEFT JOIN**」을 사용합니다. 그림 3-49는 「users」 테이블과 「items」 테이블을 외부결합하는 명령어의 예시입니다. 「LEFT JOIN」 뒤에 결합할 테이블명, 「ON」 뒤에 결합키가 될 컬럼명을 「결합주체의 컬럼명 = 결합객체의 컬럼명」이라는 형태로 지정하고 컬럼명은 「테이블명.컬럼명」과 같이 지정합니다.

이번에는 「LEFT JOIN」 뒤에 지정하고 있는 「items」가 결합객체의 테이블명이 됩니다. 그리고 「ON」 뒤에 「users.item_id = items.id」의 형태로 지정하고 있기 때문에 「users」 테이블의 「item_id」 컬럼과 「items」 테이블의 「id」 컬럼을 키로 결합하고 있다는 이야기가 됩니다. 덧붙여서 「LEFT JOIN」를 「**RIGHT JOIN**」이라고 고쳐 쓰면, 결합주체와 결합객체의 테이블을 반대로 할 수 있습니다.

그림 3-48 테이블 외부결합

users 테이블

사용자명	상품ID
홍길동	2
이순신	3
유관순	2
홍두깨	5

items 테이블

상품ID	상품명	가격
1	빵	100
2	우유	200
3	치즈	150
4	계란	100

외부결합

사용자명	상품명	가격
홍길동	우유	200
이순신	치즈	150
유관순	우유	200
홍두깨	–	–

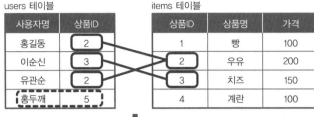

그림 3-49 그룹 결합의 예시

명령어

```
SELECT * FROM users LEFT JOIN items ON users.item_id = items.id;
```

users 테이블

name	item_id

items 테이블

id	name	price

외부결합

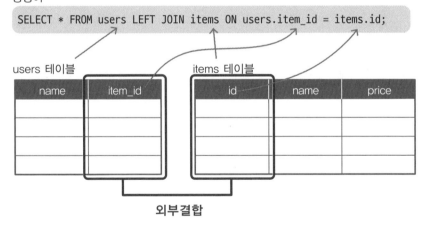

Point

✔ 결합주체 테이블의 데이터와 그것에 더해 키가 되는 컬럼 값이 일치하는 결합객체 데이터를 결합하여 취득하는 방법을 「외부결합」이라고 부른다.

✔ 외부결합을 할 때는 「LEFT JOIN」(혹은 「RIGHT JOIN」)을 사용한다.

Chapter

3

기준이 되는 데이터와 거기에 일치하는 데이터를 취득한다

SQL을 적어봅시다

레코드를 추가한다

users 테이블에 아래와 같이 레코드를 추가하는 SQL을 적어봅시다. 또한 추가한 레코드를 SQL을 통해서 다양한 조건으로 취득해봅시다.

users 테이블

name	gender	Age
홍길동	man	21
이순신	man	36
유관순	woman	30
홍두깨	man	18

SQL 예시

- **레코드를 추가한다**

  INSERT INTO users (name , gender , age) VALUES ('홍길동', 'man', 21);

- **「남성」 레코드를 취득한다**

  SELECT * FROM users WHERE gender = 'man';

- **연령이 30 이상인 레코드 수를 취득한다**

  SELECT COUNT(*) FROM users WHERE age >= 30;

- **이름 앞에 홍이 붙는 레코드를 나이가 작은 순서대로 취득한다**

  SELECT * FROM users WHERE name LIKE '홍%' ORDER BY age;

- **연령이 20 미만인 레코드 건수를 삭제한다**

  DELETE FROM users WHERE age < 20;

데이터 관리

불법적인 데이터를 막기 위한 기능

Database

≫ 저장 가능한 데이터 종류를 지정한다

데이터 타입 지정 //

3-5절에서는 테이블을 만들 때 컬럼(열) 이름과 그 데이터 타입(Type)을 지정한다고 이야기했습니다. 테이블의 각 컬럼에는 반드시 **데이터 타입**을 정해 둘 필요가있습니다(그림 4-1). 데이터 타입을 지정함으로써 해당 컬럼에 저장할 값의 포맷(Format)을 갖출 수 있고 값을 어떻게 취급할 것인지 결정해 둘 수 있습니다.

데이터 타입은 여러 종류가 있는데 크게 분류하면

- ◆ 숫자를 취급하는 형태
- ◆ 문자열을 취급하는 형태
- ◆ 날짜, 시간을 취급하는 형태

라는 것이 있습니다. 구체적인 데이터 타입의 종류는 이후에 소개하겠습니다.

데이터 타입의 역할 //

예를 들어 금액을 저장하는 컬럼에 정수 타입을 지정한다면, 그 컬럼에는 반드시 정수데이터밖에 저장할 수 없고 소수점 데이터나 문자 데이터를 저장할 수 없게 됩니다.

또한 정수 타입으로 지정해 둠으로써 저장되어 있는 값을 숫자로 취득할 수 있기 때문에 계산에 이용할 수도 있습니다. 예를 들어 3-17절에서 소개한 SUM 함수를 사용하면 매출의 총금액을 취득할 수 있습니다. 또한 3-9절에서 소개한 것처럼 값이300 이상인 레코드를 검색할 수도 있습니다. 이것은 문자열 타입이라고 할 수 없습니다. 타입에 따라 값을 취급하는 방법도 달라집니다(그림 4-2).

이처럼 저장할 수 있는 값이 제한되고 취득할 때 취급하는 방법이 달라지기 때문에컬럼에 따라 적절한 데이터 타입을 지정해 두는 것이 중요합니다.

그림 4-1 각 컬럼에 데이터 타입을 지정한다

문자열 타입

정수 타입

날짜 타입

사용자 이름	나이	생일

Chapter
4

그림 4-2 정수 타입을 설정한 컬럼의 예시

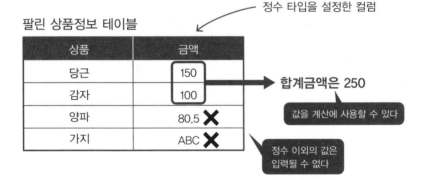

팔린 상품정보 테이블

정수 타입을 설정한 컬럼

상품	금액
당근	150
감자	100
양파	80.5 ✘
가지	ABC ✘

➡ 합계금액은 250

값을 계산에 사용할 수 있다

정수 이외의 값은 입력될 수 없다

Point

✔ 각 컬럼(열)에는 반드시 데이터 타입을 정해 둘 필요가 있다.

✔ 데이터 타입을 지정함으로써 그 컬럼에 저장하는 값의 포맷을 준비할 수 있고 값을 어떻게 취급할 것인지 결정해 둘 수 있다.

» 숫자를 취급하는 데이터 타입

숫자를 취급하는 데이터 타입의 특징

숫자를 취급하는 데이터 타입을 설정한 컬럼에는 이름 그대로 숫자만을 저장할 수 있습니다. 따라서 예를 들어 상품의 가격이나 개수, 레코드의 ID, 온도, 확률 등의 컬럼에 숫자 타입을 설정해 두면 실수로 숫자 이외의 문자열 등의 값이 저장되는 일은 발생되지 않습니다.

또한 저장된 값은 3-9절에서 소개한 것과 같이 「>」나 「>=」, 「<」, 「<=」 등의 연산자를 사용함으로써, 레코드 취득 시에 「00 이상」이나 「00 이하」라는 검색 조건 지정에 사용할 수 있습니다. 그리고 3-17절에서 소개한 것과 같이 SUM 함수와 AVG 함수를 사용하여 합계 값이나 평균값을 계산하는 것도 가능합니다.

숫자를 취급하는 데이터 타입의 종류

데이터베이스 관리 시스템에 따라 데이터 타입의 종류에 차이는 있지만 숫자를 취급하는 데이터 타입을 대략적으로 분류하면 정수를 취급하는 타입과 소수를 취급하는 타입이 있습니다.

정수를 취급하는 타입의 종류를 구체적으로 알아보면, MySQL에서는 「**INT**」 등이 준비되어 있고, 타입의 종류에 따라서 저장할 수 있는 숫자의 범위에 차이가 있습니다(그림 4-3).

또한 소수를 취급하는 타입의 예로 MySQL에서는 「**DECIMAL**」이나 「**FLOAT**」, 「**DOUBLE**」 등이 준비되어 있습니다. 이것들은 각각 저장할 수 있는 숫자 값의 범위에 차이가 있습니다(그림 4-4).

그 외에도 「111」이나 「10000000」과 같은 「0」과 「1」만으로 값을 나타내는 비트 값을 저장하기 위한 「BIT」라고 하는 타입도 있습니다.

각각 저장할 수 있는 값의 범위가 다르지만 보다 큰 자릿수의 데이터 타입을 선택하면 그만큼의 값을 저장할 때 사이즈가 커지게 되므로, 저장되는 값의 크기에 따라 적절한 데이터 타입을 선택하는 것이 중요합니다.

그림 4-3 정수 타입의 종류와 컬럼에 저장 가능한 숫자의 자릿수

	저장 가능한 범위	「UNSIGNED」옵션을 붙였을 경우 저장할 수 있는 범위
TINYINT	−128 ~ 127	0 ~ 255
SMALLINT	−32768 ~ 32767	0 ~ 65535
MEDIUMINT	−8388608 ~ 8388607	0 ~ 16777215
INT	−2147483648 ~ 2147483647	0 ~ 4294967295
BIGINT	−9223372036854775808 ~ 9223372036854775807	0 ~ 18446744073709551615

Chapter

4

숫자를 취급하는 데이터 타입

그림 4-4 소수점 타입 종류와 저장 가능한 값의 정확도

DECIMAL	오차가 없는 정확한 소수를 저장할 수 있다
FLOAT	소수 7자리 정도까지 정확한 소수를 저장할 수 있다
DOUBLE	소수 15자리 정도까지 정확한 소수를 저장할 수 있다

Point

✔ 숫자를 취급하는 데이터 타입의 종류에는 정수나 소수, 비트 값을 취급하는 타입 등이 있다.

✔ 숫자 타입 컬럼에는 상품의 가격이나 개수, 레코드의 ID, 온도, 확률 등의 데이터를 저장할 수 있다.

≫ 문자열을 취급하는 데이터 타입

문자열을 취급하는 데이터 타입의 특징 〰〰〰〰〰〰〰〰〰〰〰〰〰〰〰〰

문자열을 취급하는 데이터 타입이 설정된 컬럼에 저장된 값은 문자열로 취급됩니다. 그렇기 때문에 사용자가 입력한 이름이나 주소, 설명(Comment)을 저장하거나 커 다란 사이즈의 문장을 저장해 두거나 하는 등의 용도를 생각해 볼 수 있습니다. 즉 「123」이라는 값을 저장하는 경우도 숫자가 아닌 문자로 취급됩니다. 숫자 타입에 저 장한 「123」과는 구별되기 때문에 주의가 필요합니다

문자열을 취급하는 데이터 타입의 종류 〰〰〰〰〰〰〰〰〰〰〰〰〰〰〰〰

데이터베이스 관리 시스템에 따라 데이터 타입의 종류에 차이는 있지만 문자열을 취 급하는 타입의 종류로서 MySQL에서는 「**CHAR**」, 「**VARCHAR**」, 「**TEXT**」 등이 준비되 어 있고 데이터의 저장 방법이나 최대 길이에 차이가 있습니다(그림 4-5). 최대 길이 가 커다란 데이터 타입일수록 그만큼의 값을 저장할 때의 사이즈가 커지게 되므로 저 장된 값의 크기에 따라 적절한 데이터 타입이 선택되도록 합시다.

고정 길이와 가변 길이 〰〰〰〰〰〰〰〰〰〰〰〰〰〰〰〰〰〰〰〰〰〰〰〰〰〰〰

문자열을 취급하는 데이터 타입에는 고정길이와 가변길이가 있습니다. 고정길이는 일정한 길이로 데이터를 준비할 수 있고, 가변길이는 데이터의 사이즈에 맞춘 길이 로 값을 저장합니다. MySQL의 데이터 타입으로 말한다면 「CHAR」가 고정길이고 「VARCHAR」가 가변길이입니다. 이러한 데이터 타입 컬럼에 ABC라는 값을 저장 하는 예시로 생각해봅시다. 그림 4-6과 같이 「CHAR」 타입의 경우는 지정된 길이 가 되도록 오른쪽이 스페이스로 채워지고 일정한 길이로 데이터가 저장됩니다. 한편 「VARCHAR」 타입에서는 그러한 것이 없습니다. 상품코드라는 다양한 자릿수가 미 리 정해져 있는 문자열의 경우는 고정길이의 데이터 타입을 사용하여 데이터를 취득 하거나 입력할 때 성능을 높일 수 있습니다.

그림 4-5   문자열 타입 종류와 컬럼에 저장 가능한 최대폭

	저장 가능한 최대범위
CHAR	0 ~ 255 바이트를 지정할 수 있다(저장되는 데이터는 지정된 길이만큼 오른쪽이 스페이스로 채워진다)
VARCHAR	~ 65,535 바이트를 지정할 수 있다
TINYTEXT	255 바이트
TEXT	65,535 바이트
MEDIUMTEXT	16,777,215 바이트
LONGTEXT	4,294,967,295 바이트

그림 4-6   고정길이와 가변폭의 차이

CHAR 타입

code
ABC ■ ■

VARCHAR 타입

code
ABC

지정된 길이가 되도록 오른쪽이 빈칸(Space)으로 채워진다.

Point

✔ 문자열을 취급하는 데이터 타입에는 데이터의 저장 방법이나 최대 길이에 따라 여러 종류가 있다.

✔ 문자 타입 컬럼에는 사용자가 입력한 이름, 주소, 명령어를 저장하거나 커다란 사이즈의 문장을 저장해 둘 수 있다.

≫ 날짜와 시간을 취급하는 데이터 타입

날짜와 시간을 취급하는 데이터 타입의 특징

날짜와 시간을 취급하는 데이터 타입을 설정한 컬럼에는 이름 그대로 날짜와 시간 값을 입력할 수 있습니다. 그렇기 때문에 상품의 구입일자나 사용자의 로그인 일시, 생일, 스케줄 일시, 레코드의 입력일 · 갱신일 등에 사용되는 것임을 알 수 있을 것입니다.

또한 저장한 값은 3-9절에서 소개한 바와 같이 「>」나 「>=」, 「<」, 「<=」 등의 연산자를 사용하면 레코드를 취득한 일시에 「000일 이전」이나 「000월 000일 이후」 같은 검색 조건을 지정할 때 사용할 수 있습니다. 그리고 3-13절에서 소개했던 「ORDER BY」를 사용하여 날짜순으로 레코드를 정렬하는 것도 가능합니다.

날짜와 시간을 취급하는 데이터 타입의 종류

데이터베이스 관리 시스템에 따라 데이터 타입의 종류는 차이가 있지만, 날짜와 시간을 취급하는 데이터 타입에는 날짜만을 저장할 수 있는 것, 시간만을 저장할 수 있는 것, 날짜와 시간을 모두 저장할 수 있는 것 등이 있습니다. MySQL에는 「DATE」나 「DATETIME」 등이 제공되어 있습니다. 이러한 것들은 각각 저장할 수 있는 포맷에 차이가 있기 때문에 저장하고 싶은 값에 맞추어 적절한 데이터 타입을 선택하면 됩니다(그림 4-7).

날짜와 시간을 입력할 때 포맷(Format)

날짜 · 시간 타입 컬럼에 값을 저장할 경우 다양한 포맷으로 입력할 수 있습니다.

예를 들어 MySQL의 경우 2020년 1월 1일을 저장하고 싶을 때는 「2020-01-01」과 같은 타입으로 입력할 수도 있지만 그 외에도 「20200101」이나 「2020/01/01」 등의 타입으로도 입력할 수 있습니다(그림 4-8). 입력할 때의 시간 포맷은 다르지만 모두 같은 값으로 입력됩니다.

그림 4-7   날짜·시간 타입의 종류와 용도

구분	용도
DATE	날짜
DATETIME	날짜와 시간
TIME	시간
YEAR	년도

그림 4-8   날짜나 시간을 저장할 때의 포맷

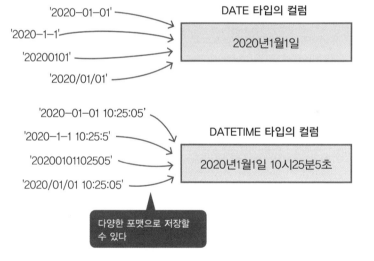

'2020-01-01'
'2020-1-1'
'20200101'
'2020/01/01'

DATE 타입의 컬럼

2020년1월1일

'2020-01-01 10:25:05'
'2020-1-1 10:25:5'
'20200101102505'
'2020/01/01 10:25:05'

DATETIME 타입의 컬럼

2020년1월1일 10시25분5초

다양한 포맷으로 저장할
수 있다

≫ 2종류의 값만을 취급하는 데이터 타입

2종류의 값 만을 취급하는 데이터 타입의 특징 \\\\\\\\\\\\\\\\\\\\\\\\\\\\\\

데이터 타입 중에는 2종류의 값밖에는 취급할 수 없는 것도 있는데 **BOOLEAN** 타입이라고 불립니다. 이 데이터 타입을 설정한 컬럼에 저장할 수 있는 값은 참(true)과 거짓(false) 두 종류뿐입니다. 이러한 값을 프로그램에서는 진위값 또는 Bool값이라고 부르고 있고, ON인지 OFF인지 하는 2가지 상태를 표현할 때 자주 이용됩니다(그림 4-9).

예를 들면 서비스를 해약한 사용자인지 아닌지를 나타내는 컬럼에서 이용하고 있는 사용자는 「거짓」 해지한 사용자는 「참」으로 표현하는 경우, 상품에 대한 지불이 끝난 상태를 「참」 미지불 상태를 「거짓」으로 표현하는 경우, 태스크(Task)가 완료된 경우를 「참」 미완료인 경우를 「거짓」으로 표현하는 등의 형태입니다(그림 4-10).

두 가지 값만을 취급하는 데이터 타입 종류 \\\\\\\\\\\\\\\\\\\\\\\\\\\\\\

BOOLEAN 타입은 데이터베이스 관리 시스템에 따라 없는 경우도 있지만, 대신에 다른 별도의 타입으로 같은 형태의 동작을 표현하는 것도 있습니다. 예를 들어 PostgreSQL 같은 경우에는 사전에 BOOLEAN 타입이 준비되어 있는데 MySQL에는 없습니다. 그 대신에 내부적으로는 TINYINT 타입(4-2절 참조)을 사용해 BOOLEAN 타입과 같은 동작을 구현하고 있습니다.

BOOLEAN 타입 컬럼에 값을 저장한다 \\\\\\\\\\\\\\\\\\\\\\\\\\\\\\

MySQL에서 「BOOLEAN」 컬럼에 값을 저장하고 싶을 때 「참(true)」일 때는 「1」, 「거짓(false)」일 때는 「0」을 입력합니다. 또한 3-7절에서 소개한 「SELECT」 문장에서 레코드를 취득할 때 「BOOLEAN」 컬럼에 저장한 값은 마찬가지로 「1」이나 「0」으로 표시됩니다.

3-8절에서 소개한 「WHERE」를 사용해서 「컬럼 이름 = 1」이나 「컬럼 이름 = 0」 혹은 「컬럼 이름 = true」나 「컬럼 이름 = false」와 같은 형태로 조건을 지정할 수도 있습니다.

그림 4-9 2종류의 값만을 취급하는 데이터 타입

BOOLEAN 타입

ON인지 OFF인지 2가지 상태를
표현할 수 있다

그림 4-10 BOOLEAN 타입의 용도

태스크 미완료 　　　 태스크 완료

이용 중인 사용자 　　 해약한 사용자 　　　　 미지불 　　　　　 지불완료

Point

✔ BOOLEAN 타입에는 참(true)과 거짓(false) 두 가지 값만 저장할 수 있다.

✔ BOOLEAN 타입 컬럼에는 이용 중인 사용자인지 해지한 사용자인지, 상품이 지불되었
　 는지 미지불 상태인지, 태스크가 완료되었는지 미완료 상태인지 등의 데이터를 저장하
　 는 용도로 활용할 수 있다.

4-6 제약, 속성

≫ 저장할 수 있는 데이터에 제한을 두다

룰(Rule)에 일치하지 않는 데이터의 입력을 금지한다

테이블의 컬럼에 **제약**을 걸어서 저장할 수 있는 데이터에 제한을 두거나 **속성**을 붙여 값을 어떤 규칙으로 다듬어서 저장할 수 있습니다(그림 4-11). 예를 들어 특정 컬럼에는 반드시 어떤 값이라도 저장해야 하는 NOT NULL 제약이나, 일련번호를 자동으로 저장하는 AUTO_INCREMENT 속성 등이 있습니다(그림 4-12). 데이터 입력 및 변경 시 컬럼의 제약에 위배되는 경우에는 오류가 나서 처리가 되지 않습니다. 따라서 적절한 제약을 걸어두면 불법적인 데이터가 입력되는 것을 막고 데이터의 일관성이 깨지는 것을 대부분 막을 수 있습니다. 또한 속성을 붙여서 일정한 룰(Rule)에 의해 데이터를 갖추어 둠으로써 데이터를 관리하기 쉬워지는 장점도 있습니다.

대표적인 제약이나 속성의 예

여기에서는 대표적인 제약이나 속성의 예를 소개하겠습니다.

◆ **NOT NULL**
NULL(4-8절 참조)을 저장할 수 없는 제약입니다. 이 제약이 붙어 있는 컬럼에는 반드시 어떤 값이라도 들어가 있어야 합니다.

◆ **UNIQUE**
컬럼 값을 중복시키지 않는 제약입니다. 이 제약이 붙어있는 컬럼에는 다른 레코드의 값과 동일한 값은 저장할 수 없습니다.

◆ **DEFAULT**
컬럼 값에 기본값을 설정하는 제약입니다. 이 제약이 붙어있는 컬럼에 값을 지정하지 않으면 미리 지정한 기본(Default) 값이 저장됩니다.

◆ **AUTO_INCREMENT**
컬럼에 자동으로 순번을 넣는 속성입니다. 이 속성이 붙어있는 컬럼에는 자동으로 연속되는 숫자가 들어갑니다.

그림 4-11   제약이나 속성이란 무엇인가?

제약

저장 가능한 데이터에
제한을 건다

속성

값을 어떤 규칙으로
정돈한다

그림 4-12   제약과 속성의 예시

users 테이블

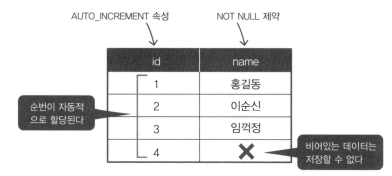

AUTO_INCREMENT 속성

NOT NULL 제약

id	name
1	홍길동
2	이순신
3	임꺽정
4	✗

순번이 자동적
으로 할당된다

비어있는 데이터는
저장할 수 없다

Point

✔ 테이블의 컬럼에 제약을 가함으로써 저장할 수 있는 데이터에 제한을 가하거나 속성을
두어 저장되는 값을 특정한 규칙으로 가다듬어 저장할 수 있다.

✔ 적절한 제약이나 속성을 걸어 두면 데이터의 부정합을 막거나 데이터를 관리하기 쉽게
만들 수 있다.

Chapter
4

저장할 수 있는 데이터에 제한을 두다

≫ 초깃값을 설정한다

컬럼에 초깃값을 설정하는 DEFAULT

DEFAULT 제약을 사용하면 컬럼에 초깃값을 설정할 수 있습니다. DEFAULT 제약을 설정한 컬럼에 값을 아무것도 지정하지 않고 레코드를 입력하는 경우에는 미리 지정해 둔 초깃값으로 저장됩니다(그림 4-13). 또한 만약 명시적으로 값을 지정한 경우에는 초깃값이 사용되지 않고 명시적으로 지정된 값이 저장됩니다.

예를 들어 상품 테이블의 재고 수 컬럼의 초깃값을 「0」으로 설정하는 경우, 사용자가 가지고 있는 쇼핑 포인트를 입력 시에는 「0」으로 설정하는 경우, 상품의 결제 상태를 미리 미지불 상태 「0」으로 맞춰 놓는 등의 용도로 사용할 수 있습니다.

이와 같이, 처음부터 결정되어 있는 상태(Status)가 있는 경우는 미리 초깃값을 설정해 두면 편리합니다.

디폴트 값 설정 방법

MySQL의 경우 그림 4-14와 같이 테이블을 생성할 때 「DEFAULT」를 컬럼 이름 뒤에 붙여 디폴트 값을 설정할 수 있습니다. 이번 예시에서는 「name」 컬럼과 「age」 컬럼을 가지고 있는 「users」 테이블을 생성하고 있습니다. 그리고 「age」 컬럼에는 초깃값으로 「10」을 지정합니다.

이 테이블에 「name」 컬럼을 「홍길동」으로 지정해서 레코드를 추가(3-6절 참조) 해 보겠습니다. 이때 「age」 컬럼의 값은 지정하지 않습니다. 그러면 「name」 컬럼에는 지정한 「홍길동」이 저장되고, 「age」 컬럼에는 초깃값으로 지정한 「10」이 저장됩니다. 만약 명시적으로 「age」 컬럼의 값을 특정한 값으로 지정해서 레코드를 입력하는 경우에는 초깃값은 사용되지 않고 명시적으로 지정한 값이 저장됩니다.

그림 4-13 DEFAULT 제약의 역할

디폴트 값을 「0」으로 설정한 경우

items 테이블

이름	재고 건수
딸기	5
귤	3
포도	6
복숭아	0

레코드를 추가

자동직으로 디폴트
값인 「0」이 저장된다

그림 4-14 DEFAULT 값을 설정하는 명령어

명령어

```
CREATE TABLE users (name VARCHAR(100), age INT DEFAULT 10);
```

디폴트 값을 「10」으로 설정

users 테이블

name	age

Point

✔ DEFAULT 제약을 사용하면 컬럼 값에 기본값(Default)을 설정할 수 있다.
✔ 미리 저장해 두고 싶은 상태(Status)가 있는 경우에는 초깃값을 설정해 두면 편리하다.

≫ 데이터가 아무것도 들어있지 않을 때

데이터가 저장되어 있지 않은 상태를 나타내는 NULL \\

컬럼에 저장되어 있는 값이 「NULL」(「널」로 불립니다)로 되어 있을 때는 「아무것도 없다」는 것을 나타내고 있습니다(그림 4-15). 원래 아무것도 들어 있지 않기 때문에 0(제로)이나 ""(빈 문자열)과도 구별됩니다. 숫자도 문자열도 아닙니다. 또한 테이블의 컬럼에 초깃값이 설정되어 있지 않은 경우 초깃값은 「NULL」이 됩니다.

NULL로 함으로써 그 필드에는 아무것도 저장되어 있지 않다는 것을 명시적으로 나타낼 수 있습니다. 아무것도 저장되어 있지 않은 것을 나타낼 때 숫자인 경우에는 0(제로)으로 할 수도 있지만 이러한 경우. 예를 들어 나이를 나타내는 필드에 0(제로)이 저장되어 있을 때는 그것이 빈 데이터를 나타내고 있는지 「0세」를 나타내고 있는지 구별할 수 없게 되어 버립니다. 「NULL」을 사용하는 것으로 데이터 타입에 관계없이 원래 데이터가 입력되어 있지 않은 것을 나타낼 수 있습니다.

NULL의 동작 \\

실제로 컬럼에 저장되어 있는 값이 「NULL」인 예를 확인해 봅시다. 「users」 테이블에 「name」 컬럼과 「age」 컬럼이 있다고 가정해 봅니다. 또한 「age」 컬럼에는 디폴트 값은 설정되어 있지 않습니다. 이 상태에서 그림 4-16과 같이 「name」 컬럼 값을 「홍길동」으로 설정하고, 「age」 컬럼에는 값을 설정하지 않고 레코드를 추가해보겠습니다. 그러면 값을 지정하지 않은 「age」 컬럼의 값은 「NULL」로 입력됩니다. 명령어 중에 「홍길동」으로 되어 있는 부분을 「NULL」로 변경함으로써 「name」 컬럼 값을 NULL로 만들 수도 있습니다.

또한 「SELECT」 문에 「WHERE age IS NULL」과 같은 조건으로 조회하면 값이 NULL인 레코드의 검색이 가능합니다(3-10절 참조).

그림 4-15 NULL이란 무엇인가?

users 테이블

name	age
홍길동	21 ← ———— 21세
임꺽정	36 ← ———— 36세
강감찬	0 ← ———— 0세
홍길순	NULL

원래 아무것도 들어있지
않다는 것을 나타낸다

데이터가 아무것도 들어있지 않을 때

그림 4-16 값이 NULL이 되는 예시

명령어

```
INSERT INTO users (name) VALUES ('홍길동');
```

users 테이블

name	age
홍길동	NULL

값을 지정하지 않은
age 필드는 NULL이 된다

Point

✔ NULL은 「아무것도 없다」는 것을 나타내며 숫자도 문자열도 아니다.
✔ 값이 미입력 상태라는 것을 명시적으로 나타내는 데 편리하다.

≫ 데이터가 비어있는 상태를 방지한다

NULL을 저장하지 못하게 한다

NOT NULL 제약을 사용하면 컬럼에 NULL을 저장하지 못하도록 할 수 있습니다. NOT NULL 제약이 설정된 컬럼에 대해 「NULL」을 저장하려고 해도 오류가 나서 입력할 수 없습니다(그림 4-17). 「NULL」은 값이 없다는 것을 나타내고 있기 때문에 (4-8절 참조) NOT NULL 제약이 걸린 컬럼은 반드시 어떤 값을 저장해야만 하는 컬럼으로 설정됩니다.

예를 들어 상품코드나 사용자 ID 등 필수적으로 입력되어야 하는 항목의 컬럼에 설정할 수 있습니다.

또한 데이터베이스 관리 시스템에 따라서는 NOT NULL 제약이 붙어있는 컬럼에 아무런 값을 지정하지 않은 경우, 초깃값으로 「NULL」 이외의 값이 저장되는 사양으로 되어있는 것도 있습니다. 예를 들어 MySQL에서는 숫자 타입 컬럼일 때는 「0」이 초깃값으로 자동 저장됩니다.

NOT NULL 제약의 설정 방법

MySQL의 경우는 그림 4-18과 같이 테이블 생성 시에 「NOT NULL」을 컬럼명 뒤에 붙임으로써 NULL을 저장할 수 없게 설정할 수 있습니다. 이번 예제에서는 「name」 컬럼과 「age」 컬럼이 있는 「users」 테이블을 만들고, 「age」 컬럼에 「NOT NULL」 제약을 설정하고 있습니다.

이 테이블에 「name」 컬럼을 「홍길동」, 「age」 컬럼을 「NULL」로 설정하고 레코드를 추가(3-6절 참조)해보겠습니다. 그러면 「age」 컬럼에는 NOT NULL 제약이 있기 때문에 에러가 발생되고 입력할 수 없습니다.

이제 「name」 컬럼에 「임꺽정」을 설정하고 레코드를 추가해 보겠습니다. 이때 「age」 컬럼의 값은 지정하지 않습니다. 그러면 「age」 컬럼에는 NULL이 아니고 「0」이 초깃값으로 자동 설정됩니다.

그림 4-17   NOT NULL 제약의 역할

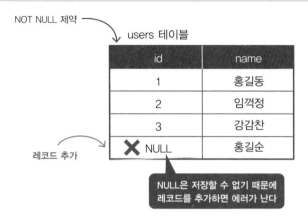

NOT NULL 제약

users 테이블

레코드 추가

NULL은 저장할 수 없기 때문에
레코드를 추가하면 에러가 난다

Chapter
4

데이터가 비어있는 상태를 방지한다

그림 4-18   NOT NULL 제약을 설정하는 명령어

명령어

```
CREATE TABLE users (name VARCHAR(100), age INT NOT NULL);
```

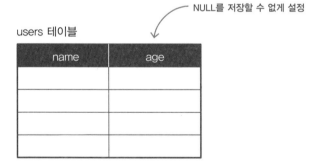

NULL를 저장할 수 없게 설정

users 테이블

Point

✔ NOT NULL 제약을 사용하면 컬럼에 「NULL」을 저장하지 못하도록 할 수 있다.

✔ 정보 입력이 필수인 컬럼에 NOT NULL 제약을 설정해 두면 편리하다.

≫ 다른 행 값과 동일한 값은 넣을 수 없다

중복을 방지하는 UNIQUE

UNIQUE 제약을 사용하면 컬럼에 다른 레코드와 중복된 값을 저장하지 않도록 할 수 있습니다. 만약 UNIQUE 제약이 설정된 컬럼에 중복된 값을 저장하려 하면 에러가 발생하여 입력할 수 없습니다(그림 4-19).

예를 들어 상품코드나 사용자 ID와 같은 반드시 같은 값이 존재하지 않는 컬럼에 설정해 두는 것을 생각할 수 있을 것입니다. 만약 서로 다른 상품에 동일한 상품코드가 붙게 된다면 식별이 불가능합니다. 미리 UNIQUE 제약을 설정해 둠으로써 그러한 중복을 막을 수 있게 됩니다.

덧붙여서 NULL은 값이 없음을 나타내고 있지만(4-8절 참조), 이쪽은 UNIQUE 제약이 적용되지 않습니다. 예외로서 복수의 레코드에 저장하는 것이 가능합니다. UNIQUE 제약은 값이 존재하는 레코드에만 적용되게 됩니다.

UNIQUE 제약 설정 방법

MySQL의 경우는 그림 4-20과 같이 테이블 생성 시 「UNIQUE」를 컬럼 이름 뒤에 붙임으로써 중복된 값을 저장할 수 없도록 설정할 수 있습니다. 이번 예에서는 「id」 컬럼과 「name」 컬럼을 가지는 「users」 테이블을 만들고 「id」 컬럼에 UNIQUE 제약을 설정하고 있습니다.

이 테이블에 「id」 컬럼을 「1」로 「name」 컬럼을 「홍길동」으로 설정하고 레코드를 추가 (3-6절 참조) 해봅니다. 이어서 이번에는 「id」 컬럼을 「1」로 「name」 컬럼을 「임꺽정」으로 설정하고 레코드를 추가해보겠습니다. 그러면 「id」 컬럼에는 UNIQUE 제약이 있어서 입력되어 있는 값과 동일한 값은 에러가 나므로 입력할 수 없습니다. 「id」 컬럼을 「2」로 바꾸면 올바르게 입력할 수 있습니다.

그림 4-19 **UNIQUE 제약의 역할**

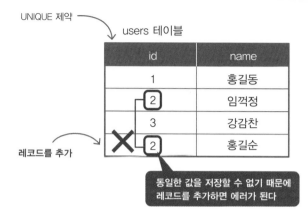

UNIQUE 제약

users 테이블

id	name
1	홍길동
2	임꺽정
3	강감찬
2	홍길순

레코드를 추가

동일한 값을 저장할 수 없기 때문에 레코드를 추가하면 에러가 된다

그림 4-20 **UNIQUE 제약을 설정하는 명령어**

명령어

```
CREATE TABLE users (id INT UNIQUE, name VARCHAR(100));
```

동일한 값을 저장할 수 없게 설정

users 테이블

id	name

Point

✔ UNIQUE 제약을 사용하면 컬럼에 다른 레코드와 중복되는 값을 저장할 수 없게 할 수 있다.

✔ 상품코드나 사용자 ID와 같이 반드시 다른 컬럼과 동일한 값이 존재하지 않는 컬럼에 설정하는 용도로 사용할 수 있다.

Chapter **4**

다른 행 값과 동일한 값은 넣을 수 없다

≫ 자동으로 일련 번호를 매기다

자동적으로 번호를 배당한다

「AUTO_INCREMENT」를 사용하면, 컬럼에 자동적으로 연속된 번호를 저장할 수 있습니다. 예를 들어 처음 레코드를 입력했을 때 AUTO_INCREMENT를 설정한 컬럼에는 자동으로 1이 저장됩니다. 게다가 새로운 레코드를 입력하면 「2」가 저장되어 레코드를 입력할 때마다 1, 2, 3, 4, ……처럼 연속된 번호가 자동적으로 저장되어 갑니다(그림 4-21).

상품ID나 사용자ID 같은 컬럼에 AUTO_INCREMENT를 설정해 두면 자동으로 각 레코드에 번호가 할당되기 때문에 이런 것을 상품 혹은 사용자를 식별하기 위한 번호로 취급하는 데 도움이 됩니다.

AUTO_INCREMENT 설정 방법

MySQL의 경우 그림 4-22와 같이 테이블 생성 시 「AUTO_INCREMENT」를 컬럼 이름 뒤에 붙이면 연속된 번호가 자동으로 저장되도록 설정할 수 있습니다. 이번 예시에서는 「id」 컬럼과 「name」 컬럼을 가지는 「users」 테이블을 만들고 있습니다. 그리고 「id」 컬럼에 AUTO_INCREMENT를 설정하고 있습니다. 「AUTO_INCREMENT」를 설정하는 컬럼에는 인덱스(Index, 7-7절 참조)나 UNIQUE 제약(4-10절 참조) 혹은 프라이머리 키(Primary Key, 4-12절 참조)가 필요하기 때문에 「UNIQUE」도 같이 설정하고 있습니다.

이 테이블에 「name」 컬럼을 홍길동으로 설정하고 레코드를 추가(3-6절 참조)해보겠습니다. 그러면 「id」 컬럼에는 자동으로 「1」이 들어갑니다. 이어서 이번에는 「name」 컬럼을 「임꺽정」으로 설정하고 레코드를 추가해보겠습니다. 그러면 이번에는 「id」 컬럼에 「2」가 저장됩니다.

그림 4-21 AUTO_INCREMENT의 역할

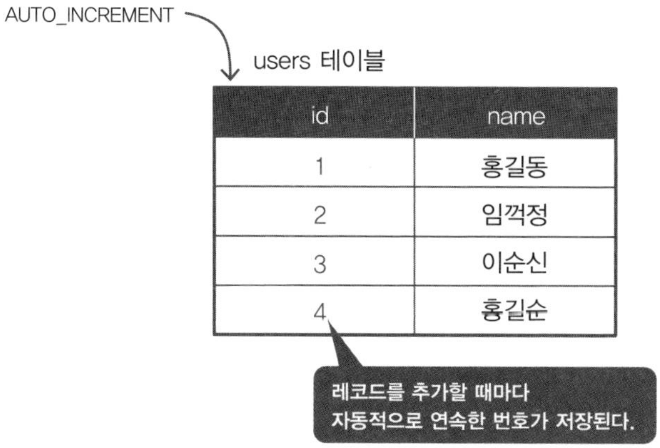

AUTO_INCREMENT

users 테이블

id	name
1	홍길동
2	임꺽정
3	이순신
4	홍길순

레코드를 추가할 때마다
자동적으로 연속한 번호가 저장된다.

Chapter
4

자동으로 일련 번호를 매기다

그림 4-22 AUTO_INCREMENT를 설정하는 명령어

명령어

```
CREATE TABLE users (id INT UNIQUE AUTO_INCREMENT, name VARCHAR(100));
```

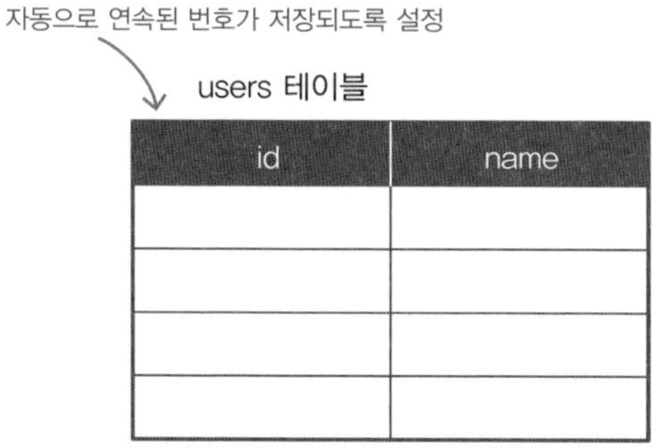

자동으로 연속된 번호가 저장되도록 설정

users 테이블

id	name

Point

✔ 「AUTO_INCREMENT」를 사용하면 컬럼에 자동으로 연속된 번호를 저장할 수 있다.

✔ 상품ID나 사용자ID와 같이 데이터를 식별하기 위한 번호로 취급할 수 있다.

≫ 행을 고유하게 식별할 수 있게 한다

레코드를 특정할 수 있게 한다 ///

컬럼에 「PRIMARY KEY」를 설정하면 다른 레코드와 중복되는 값이나 「NULL」(4-8절 참조)을 저장할 수 없게 할 수 있습니다. 즉, PRIMARY KEY를 설정한 컬럼의 값만 알게 되면 한 개의 레코드를 알아낼 수 있기 때문에 각 레코드를 식별하기 위한 컬럼으로 설정하면 좋습니다.

예를 들면 사용자 정보가 저장되어 있는 테이블에 「임꺽정」라고 하는 이름의 사용자가 2명 입력되어 있었다고 합시다. 두 사람은 다른 사람인데 이름 컬럼만 봐서는 레코드를 구별할 수가 없습니다. 이름 컬럼과는 별도로 「PRIMARY KEY」를 설정한 「id」 컬럼을 만들고 사용자 별로 중복되지 않는 값을 설정해 두면, 2개의 레코드를 식별할 수 있습니다(그림 4-23). 덧붙여서 「PRIMARY KEY」를 설정한 컬럼은 **프라이머리 키** 또는 **주 키**라고 부릅니다.

PRIMARY KEY 설정방법 ///

MySQL의 경우는 그림 4-24와 같이 테이블 생성 시에 「PRIMARY KEY」를 컬럼 이름 뒤에 붙이면 주 키로 설정할 수 있습니다. 이번 예에서는 「id」 컬럼과 「name」 컬럼을 가지는 「users」 테이블을 만들고 있습니다. 그리고 「id」 컬럼을 주 키로 설정하고 있습니다. 이것으로 「id」 프로그램에는 중복되는 값이나 NULL을 저장할 수 없게 되었습니다.

이 테이블에 「id」 컬럼을 「1」, 「name」 컬럼을 「홍길동」으로 설정하고 레코드를 추가(3-6절 참조)합니다. 계속해서 「id」 컬럼을 「1」, 「name」 컬럼을 「임꺽정」으로 설정해서 레코드를 추가하면 「id」 컬럼에는 중복된 값을 저장할 수 없기 때문에 입력을 할 수 없습니다. 「id」 컬럼을 '2'로 바꾸면 입력할 수 있습니다. 그리고 「id」 컬럼을 「NULL」, 「name」 컬럼을 「이순신」으로 설정해서 레코드를 추가해도 「id」 컬럼에는 「NULL」을 저장할 수 없기 때문에 입력할 수 없습니다.

그림 4-23 PRIMARY KEY의 역할

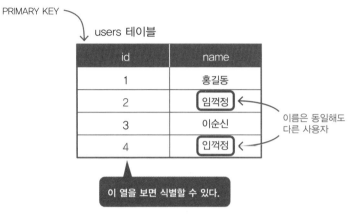

PRIMARY KEY

users 테이블

id	name
1	홍길동
2	임꺽정
3	이순신
4	인꺽정

이름은 동일해도
다른 사용자

이 열을 보면 식별할 수 있다.

그림 4-24 PRIMARY KEY를 설정하는 명령어

명령어

```
CREATE TABLE users (id INT PRIMARY KEY, name VARCHAR(100));
```

다른 레코드와 중복되는 값이나 NULL을 저장할 수 없게 설정

users 테이블

id	name

Point

✔ 컬럼에 「PRIMARY KEY」를 설정하면 다른 레코드와 중복되는 값이나 「NULL」을 저장할 수 없게 된다.

✔ 각 레코드를 식별하기 위한 컬럼으로 설정한다.

4-13

FOREIGN KEY, 외부 키

≫ 다른 테이블과 연결시키다

테이블끼리 연결시키다 \\\

컬럼에 「FOREIGN KEY」를 설정하면 해당 컬럼에는 지정한 다른 테이블의 컬럼에 존재하는 값만 저장할 수 있게 됩니다. 다시 말하면, 다른 테이블의 값에 의존하는 컬럼을 만들어 테이블끼리 연결시킬 수 있습니다. 이렇게 설계를 하면 3-20절에서 소개한 테이블 결합을 통해 데이터를 추출하는 명령어가 가능하게 됩니다.

예를 들면 부서 정보가 저장된 테이블을 준비하고 이것을 부모(Parent) 테이블이라고 합니다. 관련된 아이(Child) 테이블로 「부서 ID」를 저장하는 컬럼을 갖는 사용자 정보를 저장하는 테이블을 생성합니다. 이 「부서 ID」 컬럼은 부서 테이블과 연결되어 있기 때문에 부서 테이블에 저장되어 있지 않은 부서의 ID는 입력할 수 없도록 할 필요가 있는데, 이러한 컬럼을 대상으로 「FOREIGN KEY」를 설정합니다(그림 4-25). 참고로 「FOREIGN KEY」를 설정한 컬럼은 **외부 키**라고 불립니다.

「FOREIGN KEY」 설정 방법 \\

MySQL의 경우는 그림 4-26과 같이 테이블 생성 시 명령어 중에 「FOREIGN KEY」를 사용하여 그 뒤에 외부 키를 설정하고 싶은 컬럼 명이나 연관된 부모 테이블 명이나 컬럼 명을 지정할 수 있습니다. 이번 예제에서는 「name」 컬럼과 「department_id」 컬럼으로 구성된 「users」 테이블을 생성하고 있습니다. 그리고 「department_id」 컬럼을 외부 키로 하여 「departments」(부서) 테이블의 「id」 컬럼과 연결짓고 있습니다. 이제 「department_id」 컬럼에는 「departments」 테이블의 「id」 컬럼에 존재하는 값밖에 저장할 수 없게 되었습니다. 즉, 존재하지 않는 부서의 사용자는 입력할 수 없게 할 수 있는 것입니다.

그림 4-25 FOREIGN KEY의 역할

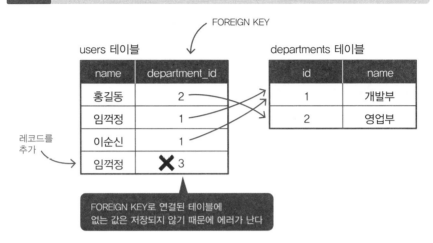

그림 4-26 FOREIGN KEY를 설정하는 명령어

명령어

```
CREATE TABLE users (name VARCHAR(100), department_id INT,
  FOREIGN KEY (department_id) REFERENCES departments(id)
);
```

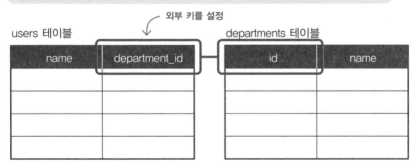

Point

✔ 컬럼에 「FOREIGN KEY」를 설정하면 지정한 다른 테이블의 컬럼에 존재하는 값만 저장할 수 있다.

✔ 다른 테이블의 컬럼과 연결시키고 싶은 컬럼으로 설정한다.

≫ 분리할 수 없는 처리를 모으다

여러 가지 처리를 모은 트랜잭션 \\

데이터베이스를 대상으로 수행되는 여러 가지 처리를 하나로 모은 것을 **트랜잭션 (Transaction)**이라고 부릅니다. SQL은 한 문장씩 실행할 수 있는데 연속해서 여러 개의 데이터를 추가하거나 갱신해야 할 경우에는 하나의 액션으로 실행되도록 일련 의 처리를 묶을 수 있습니다(그림 4-27).

은행 계좌를 예시로 생각해 봅시다. A 계좌에서 B 계좌로 10만 원을 송금하면 데이 터베이스에서는「A 계좌의 예금을 마이너스 10만 원으로 한다」,「B 계좌의 예금을 플 러스 10만 원으로 한다」와 같은 2가지 처리를 동시에 실행시킬 필요가 있습니다. 그 런데 만약 A 계좌의 처리가 완료된 직후에 시스템에 문제가 발생하여 B 계좌에 대한 처리가 실행되지 않으면 B 계좌에 송금액이 반영되지 않게 되어 버리는 일이 발생합 니다(그림 4-28). 이러한 처리들을 트랜잭션으로 일괄 완료시킴으로써 데이터가 맞 지 않게 되는 문제의 발생을 막을 수 있습니다.

트랜잭션 특성 \\

트랜잭션에는 다음과 같은 특성이 있습니다.

- **원자성(atomicity)**

  트랜잭션에 포함된 처리는「모두 실행된다」이거나「모두 실행되지 않는다」중 하나가 된다.

- **일관성(consistency)**

  미리 설정된 조건을 충족하고 데이터의 정합성을 보증한다.

- **독립성(independency)**

  처리 도중 경과가 은폐되고 외부에서는 결과만 볼 수 있다. 처리 실행 도중의 상태에서는 다른 처리에 영향을 주지 않는다.

- **영속성(permanency)**

  트랜잭션이 완료되면 그 결과가 손실되는 일은 없다.

그림 4-27 트랜잭션의 역할

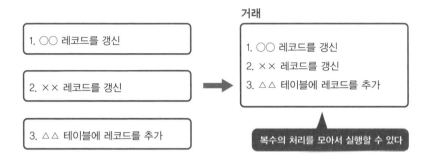

1. ○○ 레코드를 갱신

2. ×× 레코드를 갱신

3. △△ 테이블에 레코드를 추가

거래

1. ○○ 레코드를 갱신
2. ×× 레코드를 갱신
3. △△ 테이블에 레코드를 추가

복수의 처리를 모아서 실행할 수 있다

그림 4-28 A 계좌에서 B 계좌로 송금하는 도중 에러가 발생하는 예시

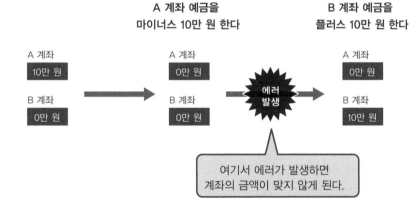

A 계좌 예금을
마이너스 10만 원 한다

B 계좌 예금을
플러스 10만 원 한다

A 계좌
10만 원

B 계좌
0만 원

A 계좌
0만 원

B 계좌
0만 원

에러
발생

A 계좌
0만 원

B 계좌
10만 원

여기서 에러가 발생하면
계좌의 금액이 맞지 않게 된다.

Point

✔ 데이터베이스를 대상으로 행해지는 복수의 처리를 집계한 것을 「트랜잭션」이라고 한다.
✔ 처리가 도중에 중단됨으로써 발생하는 데이터의 부정합을 트랜잭션으로 방지할 수 있다.

» 한 덩어리의 처리를 실행한다

트랜잭션 처리를 확정한다 //

일련의 트랜잭션에 포함된 처리가 성공했을 때 그 결과를 데이터베이스에 반영하는 것을 **커밋(Commit)**이라고 합니다.

트랜잭션을 사용할 경우 SQL 문장을 실행하는 과정에서는 아직 데이터베이스에 결과가 반영되지 않습니다. 마지막으로 커밋을 실시하면 그때에야 비로소 처음으로 변경 내용이 적용됩니다(그림 4-29).

커밋을 할 때까지의 흐름 //

은행 계좌 예시로 생각해 봅시다. A 계좌에서 B 계좌로 10만 원을 송금할 때, 데이터베이스상에서는 트랜잭션을 이용해 「A 계좌의 예금을 마이너스 10만 원으로 한다」「B 계좌의 예금을 플러스 10만 원으로 한다」와 같은 두 가지 처리를 실행하고 마지막으로 커밋을 합니다(그림 4-30).

이때 중간 경과는 외부에서 보이지 않으므로 다른 처리에서 명령어 실행 중인 값은 보이지 않으며, A 계좌의 값 갱신 직후에 다른 처리가 유입되는 일은 없습니다. B 계좌의 값 갱신도 하고 마지막으로 커밋을 실행해야 비로소 데이터베이스에 결과가 반영되어 다른 처리들이 데이터베이스에 반영된 그 값을 읽어낼 수 있게 됩니다.

커밋을 실행하는 명령어 //

트랜잭션 실행 방법은 데이터베이스 관리 시스템에 따라 차이가 있지만, MySQL의 경우는 「START TRANSACTION;」을 실행하고 이후에 트랜잭션에서 실행하고자 하는 처리들을 적어갑니다. 이 시점에서는 아직 데이터베이스에 결과는 반영되지 않습니다. 마지막으로 「COMMIT;」이라는 명령어를 실행함으로써 커밋을 수행할 수 있으며 데이터베이스에 변경 내용이 적용된 상태가 됩니다.

그림 4-29 커밋의 역할

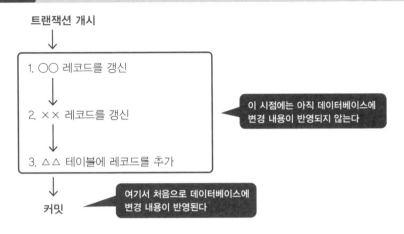

트랜잭션 개시

1. ○○ 레코드를 갱신

2. ×× 레코드를 갱신

3. △△ 테이블에 레코드를 추가

이 시점에는 아직 데이터베이스에 변경 내용이 반영되지 않는다

커밋

여기서 처음으로 데이터베이스에 변경 내용이 반영된다

그림 4-30 A 계좌에서 B 계좌로 10만 원을 송금하는 예시

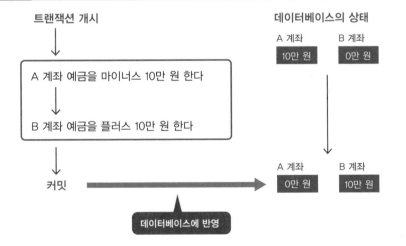

트랜잭션 개시

데이터베이스의 상태

A 계좌   B 계좌
10만 원   0만 원

A 계좌 예금을 마이너스 10만 원 한다

B 계좌 예금을 플러스 10만 원 한다

A 계좌   B 계좌
0만 원   10만 원

커밋

데이터베이스에 반영

Point

✔ 일련의 트랜잭션에 포함된 처리가 성공했을 때 그 결과를 데이터베이스에 반영하는 것을 커밋이라고 한다.

✔ 커밋을 하기 전에는 트랜잭션 내에서 명령어의 실행 중인 값은 다른 처리에서는 보이지 않는다.

≫ 실행했던 처리를 없었던 것으로 한다

트랜잭션 처리를 취소한다 //

트랜잭션 내 처리에 문제가 생겼을 때 처리를 취소하고 트랜잭션이 시작되는 시점의 상태까지 되돌리는 것을 **롤백**이라고 합니다. 데이터베이스에서 실행되는 처리는 항상 정상적으로 행해지는 것은 아닙니다. 프로그램에서 버그나 네트워크 장애로 인해 데이터베이스에 접속할 수 없게 되는 등 여러 가지 예상치 못한 문제가 발생합니다. 그럴 때 트랜잭션 내의 처리를 도중에 중단해 버리면 데이터의 정합성을 확보할 수 없게 되는 경우도 있습니다. 이를 방지하기 위해 롤백을 사용하여 트랜잭션 내의 처리를 취소하고 무결성이 유지된 상태까지 복구합니다(그림 4-31).

은행 계좌 예시로 생각해 봅시다. A에서 B로 10만 원을 송금할 때는 정상적인 경우 데이터베이스상에서는 트랜잭션을 이용하여 「A로 된 예금을 마이너스 10만 원으로 한다」 「B로 된 예금을 플러스 10만 원으로 한다」와 같은 두 가지 처리를 하고 마지막에 커밋을 하는 흐름이 될 수 있습니다.

그러나 A 계좌의 값을 갱신한 직후에 문제가 발생하여 처리를 계속할 수 없게 되어 버린 경우, 이대로 커밋(commit)을 해버리면 B 계좌의 갱신이 아직 이루어지지 않았기 때문에 데이터의 정합성이 맞지 않게 됩니다. 이러한 경우를 예방하기 위한 목적으로 롤백을 수행하여 트랜잭션 시작 시점 상태까지 되돌아갑니다. 결과적으로 트랜잭션 내의 처리는 아무것도 이루어지지 않은 상태이므로 데이터베이스 상에서 변화는 없습니다(그림 4-32).

롤백을 실행하는 명령어 ///

데이터베이스 관리 시스템에 따라 차이가 있지만 MySQL의 경우는 「START TRANSACTION;」 이후에 트랜잭션을 이용하여 수행하고 싶은 처리를 적어 나갑니다. 만약 문제가 발생했을 경우는 「ROLLBACK;」을 실행하여 트랜잭션 내의 처리를 되돌릴 수 있습니다.

그림 4-31 롤백의 역할

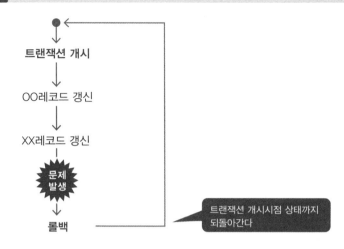

그림 4-32 롤백을 하는 예시

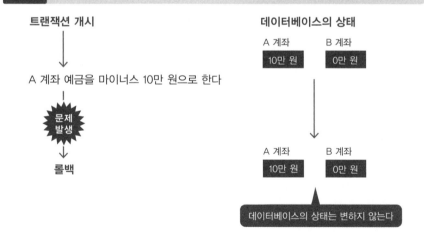

Point

✔ 트랜잭션 내의 처리를 취소하고 트랜잭션의 시작 상태까지 되돌리는 것을 롤백이라고 한다.

✔ 예상치 못한 문제로 트랜잭션 처리가 중단된 경우 무결성이 유지된 상태까지 복구하는 역할을 한다.

≫ 두 가지 처리가 경합해서 처리가 멈추는 문제

트랜잭션 처리가 진척되지 않게 되는 문제

복수의 트랜잭션 처리가 동시에 같은 데이터를 조작하는 것으로, 서로 상대의 처리가 종료되기를 기다리는 상태가 되어 다음 처리로 진행되지 않게 되는 것을 **데드락 (Dead lock)**이라고 부릅니다.

은행 계좌의 예시로 생각해 보겠습니다. A 계좌와 B 계좌에 10만 원씩 들어있는 상태에서 그림 4-33과 같은 「A 계좌에서 B 계좌로 10만 원의 송금을 하는 액션」과 「B 계좌에서 A 계좌로 10만 원의 송금을 하는 액션」이 동시에 실행되었다고 가정해봅니다. 우선 1-1의 「A 계좌의 예금을 마이너스 10만 원으로 한다」라는 처리가 실행되면 커밋이 이루어질 때까지 A 계좌의 데이터는 잠겨있는 상태가 됩니다. 이렇게 트랜잭션 중 처리와 관련된 데이터는 일시적으로 잠기게 됩니다. 만약 다른 처리가 잠김 상태인 데이터를 조작하고자 한다면 잠금이 해제될 때까지 기다렸다가 처리가 수행됩니다. 그 후 1-2가 실행되기 전에 2-1의 「B 계좌의 예금을 마이너스 10만 원으로 한다」가 실행되었습니다. 마찬가지로 B 계좌에 데이터가 잠깁니다. 그러면 두 개의 트랜잭션이 서로 상대방이 조작하고 싶은 데이터를 잠그고 있어서 1-2와 2-2의 처리를 진행할 수 없고 어느 쪽의 액션도 멈춰 버렸습니다. 이것이 데드락입니다.

데드락 대책

데드락이 일어난 경우, 어느 한쪽의 처리를 종료시켜야 합니다. 데이터베이스 관리 시스템에 따라서는 자동적으로 데드락을 감시하여 롤백을 하는 구조도 있지만 애초에 데드락이 일어나지 않도록 하는 것이 필요합니다. 예를 들어 트랜잭션 내의 처리 시간을 단축하거나 트랜잭션에서 액세스하는 데이터의 순서를 통일하는 대책을 생각할 수 있습니다. 계좌 간의 송금의 예로 말하자면, 어느 쪽의 트랜잭션도 A 계좌의 데이터 갱신 후에 B 계좌의 데이터를 갱신하면 교착을 회피할 수 있습니다(그림 4-34).

그림 4-33　데드락이 발생한 상태

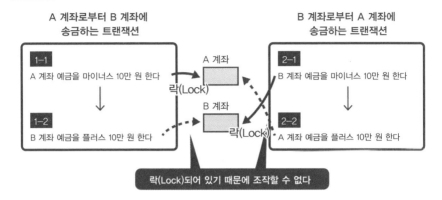

그림 4-34　데드락이 발생하지 않도록 한 예시

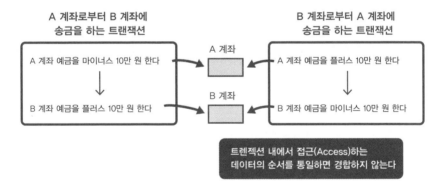

Point

✔ 복수의 트랜잭션 처리가 동시에 같은 데이터를 조작하는 것으로, 서로 상대의 처리가 종료되기를 기다리는 상태가 되어 다음 처리로 진행되지 않게 되어 버리는 것을 데드락 이라고 부른다.

✔ 데드락이 일어나 버린 경우라면 롤백으로 어느 한쪽의 처리를 종료시킬 필요가 있다.

✔ 트랜잭션 내의 처리 시간을 단축하거나 트랜잭션으로부터 접근하는 데이터의 순서를 통일하는 등 처음부터 데드락이 일어나지 않게 주의한다.

데이터 타입 · 제약 · 속성을 할당해 봅시다

책 정보를 관리하는 테이블에 id, title(타이틀), genre(장르), published_at (발행일), memo(메모) 컬럼을 만드는 경우, 각각 어떤 데이터 타입이나 제약 · 속성을 할당하는 것이 적정한지 생각해 봅시다.

컬럼명	데이터 타입	제약 · 속성
id		
title		
genre		
published_at		
memo		

응답 예(MySQL의 경우)

컬럼명	데이터 타입	제약 · 속성
id	int	AUTO_INCREMENT, NOT NULL
title	varchar	NOT NULL
genre	varchar	NOT NULL
published_at	datetime	NOT NULL
memo	text	

위의 예에서 id컬럼은 숫자가 입력되는 것을 가정하여 int 타입으로 설정했습니다. 또한 1, 2, 3, …… 같은 일련번호를 자동적으로 입력하기 위해서 AUTO_INCREMENT를 설정하고 있습니다.

title이나 genre 컬럼은 문자열이 들어가는 것을 가정하여 varchar 타입, published_at 컬럼은 날짜가 들어가는 것을 가정하여 datetime 타입으로 만들었고, 각각 빈칸을 피하기 위해서 NOT NULL 제약을 설정하였습니다.

memo는 긴 문자열이 입력될 수 있도록 하기 위해 text 타입으로 하였습니다.

데이터베이스 도입

데이터베이스의 구성과 테이블 설계

Database

» 시스템을 도입하는 흐름

시스템 도입 후의 문제와 데이터베이스 도입의 흐름 \\

시스템을 도입하기 전에 고려해야 하는 것들이 정리되지 않은 상태로 시스템을 도입한
다면 도입한 후에 필요한 기능이 부족하다는 것을 알게 되거나 반대로 필요하지 않은
기능까지 추가해 버리거나, 도중에 설계를 다시 하게 되어 불필요하게 공수가 소요되
는 등 예상치 못한 트러블(Trouble)로 이어질 수 있습니다. 이러한 것들을 피하기 위
해서는 시스템을 도입하는 **순서를 정리**해 둘 필요가 있습니다. 자주 사용하는 시스템
개발 방법에는 크게 요건정의, 설계, 개발, 운용의 단계(Step)가 있습니다(그림 5-1).

(1) 요건정의

어떤 상황에 문제가 있을 때 그것을 해결하기 위해서 어떠한 시스템으로 할 것인가를
결정하는 공정입니다. 여기서 과제 또는 요구사항을 청취하여 어떤 기능이 필요한지
알아냅니다(5-4절 참조).

(2) 설계

설계는 요건정의를 바탕으로 그것을 실현하기 위한 사양을 결정하는 공정입니다. 데
이터베이스는 어떤 테이블과 컬럼을 둘 것인지, 어떤 컬럼에 어떤 타입이나 제약을
둘 것인지를 결정합니다. 데이터베이스를 설계하는 수단으로 ER 다이어그램(5-7 ~
5-9절 참조)을 이용하거나 정규화(5-10 ~ 5-13절 참조)를 하기도 합니다.

(3) 개발

개발 공정에서는 설계한 내용을 기초로 소프트웨어나 데이터베이스를 만들어 갑니
다. 데이터베이스에서는 SQL 언어 등을 이용하여 테이블을 만들고 컬럼에 제약을
설정하게 됩니다.

(4) 전환·운용

완성된 시스템을 업무에 적용하기 위해 전환하거나 소프트웨어를 공개하는 등 운용
을 개시합니다. 필요에 따라서 운용 전에 기능 테스트를 하거나, 일단 1개 부서만을
대상으로 하는 등 작은 범위에서 시범적으로 시작하는 경우도 있습니다.

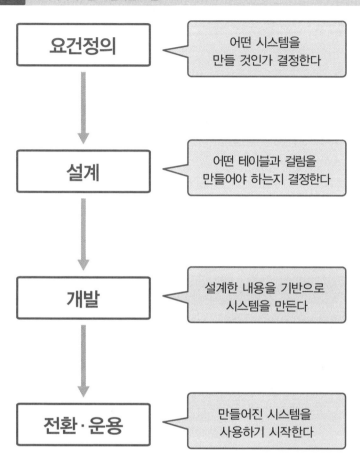

그림 5-1 데이터베이스를 도입하는 흐름

요건정의 — 어떤 시스템을 만들 것인가 결정한다

설계 — 어떤 테이블과 컬럼을 만들어야 하는지 결정한다

개발 — 설계한 내용을 기반으로 시스템을 만든다

전환·운용 — 만들어진 시스템을 사용하기 시작한다

Chapter

5

시스템을 도입하는 흐름

Point

✔ 제대로 확인하지 않고 시스템을 도입하게 되면 나중에 필요한 기능이 부족하거나 불필요하게 공수가 증가하는 등 뜻하지 않은 문제로 이어지기 쉽다.

✔ 데이터베이스 등 시스템 개발 추진 방법에는 크게 요건정의, 설계, 개발, 운용이라는 단계가 있다.

≫ 시스템 도입이 주는 영향

시스템 개발에 필요한 담당자 //

시스템을 개발할 때는 개발에 필요한 구성원을 확보하거나 담당자를 정해 둘 필요가
있습니다. 자체적으로 개발하는 경우라면

- ◆ 데이터베이스를 설계하는 사람
- ◆ 설계를 바탕으로 데이터베이스를 구축하는 사람
- ◆ 완성된 시스템을 테스트하는 사람

등의 **역할 분담**이 필요합니다. 진척 현황을 확인하는 프로젝트 리더가 필요하게 될
수도 있고, 분업을 하는 경우라면 혼자서 여러 가지 역할을 겸임할 수도 있습니다.
작은 프로젝트라면 설계에서부터 개발까지 혼자서 하게 될지도 모릅니다(그림 5-2).

시스템 도입으로 바뀌는 업무 내용 //

새로운 시스템을 도입하면 업무 내용이나 시스템 사용법이 지금까지 해왔던 것과는
달라질 수도 있습니다. 그러한 영향 때문에 이용자가 혼란을 겪을 가능성이 있는 경
우에는 미리 그것에 대응하는 방안을 생각해 둡니다.

업무 효율화를 위해 데이터베이스 시스템을 도입한다면, 시스템 도입 직후에 업무의
흐름(Flow)이 바뀌거나 새로운 시스템으로 이행하는 기간에 업무를 멈추어야만 하
는 필요가 생길지도 모릅니다(그림 5-3). 그러한 경우에는 새로운 시스템의 사용법
을 담당자에게 교육하거나 업무가 일시적으로 정지된다는 정보를 미리 알려주는 것
이 필요합니다.

또한 실제로 업무 시스템을 이용하고 있는 구성원에게는 현재 불편한 점 또는 요구사
항을 수집하여 새로운 시스템에 그것을 반영할 수 있습니다. 필요에 따라 시스템의
편의성 측면에서 점검하거나 기능이 동작하는데 문제가 없는지 테스트하는데 협력하
는 것도 생각할 수 있습니다. 새로운 시스템의 도입에는 개발자뿐만 아니라 다양한
구성원들의 협력이 필요합니다.

그림 5-2 　시스템 개발에 관련된 다양한 역할의 구성원

데이터베이스를
설계하는 사람

프로젝트 리더

데이터베이스를
구축하는 사람

테스트하는 사람

설계자 및 개발자

Chapter 5

시스템 도입이 주는 영향

그림 5-3 　새로운 시스템의 도입으로 영향을 주는 것

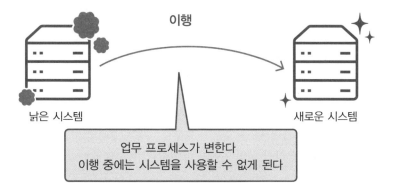

이행

낡은 시스템

새로운 시스템

업무 프로세스가 변한다
이행 중에는 시스템을 사용할 수 없게 된다

Point

✔ 시스템 개발에는 설계를 하는 사람, 구축을 하는 사람, 테스트를 하는 사람, 프로젝트
리더 등 다양한 역할의 구성원이 필요하다.

✔ 새로운 시스템을 도입함으로써 업무 프로세스가 바뀌거나, 시스템 이행 시에 업무를 중
지하게 되는 때도 생길 수 있으므로 담당자와 연계하여 진행할 필요가 있다.

≫ 데이터베이스를 도입해야만 하는가 검토한다

데이터베이스를 도입했을 때의 단점

앞서 설명한 장점이 있는 반면에 다음과 같이 데이터베이스 **도입의 단점**도 있기 때문에 상세히 확인한 후 도입 여부를 검토할 필요가 있습니다(그림 5-4).

우선 데이터베이스의 설계나 도입에는 시간과 비용이 소요됩니다. 데이터베이스를 도입할 때까지는 요건을 정의하고 설계·개발을 하고 운용을 개시하기 위한 조정 작업이 필요하게 됩니다. 외주나 상용 제품을 사용하면 그 공수를 최소화할 수 있지만 그만큼 비용이 많이 들게 됩니다.

또한 전문 지식과 SQL을 통한 조작법을 익혀야 합니다. 전문 지식이 없어도 데이터베이스를 보다 간단하게 조작할 수 있는 방법은 있지만, 약간만 복잡한 것을 하려고만 해도 당연히 보다 높은 지식이 요구됩니다.

그리고 데이터베이스를 도입한 후 에러가 발생하면 원인을 파악하고 대처하고, 백업이나 보안 대책을 강구할 필요가 있는 경우도 있습니다.

시스템을 도입해야만 하는지 검토한다

데이터베이스를 도입함에 있어서 **도입의 목적**도 검토대상 내용 중 하나입니다. 데이터베이스는 마법의 도구가 아니라 어디까지나 정보를 축적하거나 정리하기 위한 도구이므로 데이터베이스를 살릴 수 있는지 여부는 이용자에게 달려있습니다. 정말로 데이터베이스에 의해 목적이 달성되는지, 장점이 있는 것인지 등을 생각할 필요가 있습니다.

예를 들어 업무의 효율화가 목적이라면 그것이 데이터베이스에 의해서 해결될 수 있는지 여부는 사용법에 따라 달라집니다. 원래 데이터베이스를 자체적으로 도입하는 것보다 더욱 손쉬운 소프트웨어나 제품이 있을지도 모릅니다(그림 5-5). 만약에 시스템을 도입해도 결국 새로운 시스템을 익히는 것이 귀찮기 때문에 현재가 더 좋다거나, 모처럼 도입했는데 업무가 오히려 늘어나게 되는 형태가 된다면 시간도 비용도 이전보다 더 낭비하게 됩니다. 시스템을 도입한 후의 모습을 생각했을 때 장점보다 단점이 많다면 다른 수단을 선택하는 것도 생각해 봅시다.

그림 5-4 데이터베이스를 도입하는 단점

시간과 돈이 소요된다

전문지식이 필요하게 된다

필요에 따라
유지보수(Maintenance)가
필요하게 된다

그림 5-5 데이터베이스 이외 선택지

계산하는 소프트웨어로
데이터를 관리한다

목적에 맞는 전용 소프트웨어나
제품을 구매한다

Point

✔ 데이터베이스 도입에는 단점도 있으므로 세밀히 조사한 후에 도입을 검토한다.
✔ 데이터베이스를 자체적으로 도입하는 것 외에 다른 선택지는 없는지 생각해 본다.

≫ 누가 어떤 목적으로 사용하는지 정리한다

필요한 기능을 알아내는 요건정의 //

시스템 개발을 할 때는 제일 먼저 **요건정의**라는 작업을 합니다. 요건정의를 한마디로 말하자면 무엇인가 이루고 싶은 요구사항이 있고 그것을 어떤 식으로 실현할 것인지 정리하는 요건들을 검출하는 작업입니다(그림 5-6). 느닷없이 시스템을 개발하기 시작하면 개발된 후의 시스템이 생각했던 것과 다르거나 필요로 했던 기능이 부족하게 되는 등 예기치 못한 문제(Trouble)가 생기기 쉽습니다. 요건 정의를 수행함으로써 개발자나 고객(Client) 등 시스템과 관련된 구성원 전원이 현재의 문제점이나 개발하는 기능의 내용, 완성 후 시스템을 조작하는 모습, 업무의 변화를 파악할 수 있어서 회피 가능한 실패들을 미리 방지할 수 있습니다.

예를 들어 메모장을 이용하여 수작업으로 하고 있던 매출 집계를 자동화시키고 싶다는 사용자의 요구사항이 있었다고 합시다. 이를 실현하기 위해 POS 계산대를 도입해 바코드로 팔린 상품을 기록할 것인지, 수작업으로 컴퓨터에 입력하여 기록할 것인지, 그리고 집계는 구체적으로 어떤 계산 방법으로 할 것인지, 이를 화면에 표시할 것인지, 매일 e메일로 전송되도록 할 것인지 등과 같이 요구사항을 구현하기 위한 수단으로써 시스템 상에서의 동작을 구체적으로 결정해 갑니다. 결정한 내용은 요구사항정의서란 이름의 문서로 정리하는 경우가 많습니다(그림 5-7).

데이터베이스에서의 요건정의 //

데이터베이스 자체를 단독으로 사용하는 용도는 한정되어 있고, 아마도 많은 경우에는 계산대나 앱(App), Web 사이트 같은 다른 제품이나 소프트웨어와 연계하여 사용하는 것이 많을 것입니다. 그중에서 데이터베이스의 역할은 1-2절에서 소개한 바와 같이 데이터의 등록, 정리, 검색을 담당하는 것이기 때문에 요건정의 단계에서 데이터베이스에 대해 정해 두어야 하는 것은 어떤 데이터를 저장해야 하는지, 또한 어떤 데이터를 출력해야 하는지 등을 중점적으로 생각하게 됩니다.

그림 5-6 요건정의를 하는 흐름

요구사항을 청취 → 시스템에서 어떻게 해결할 수 있는가 생각한다 → 요구사항정의서에 정리한다

그림 5-7 매상집계를 자동화시키는 시스템의 요건정의 예시

- 입고된 상품은 수작업으로 ID와 가격을 데이터베이스에 저장해 둔다.
- 결제 시에 POS 계산대에서 제품을 읽고 데이터베이스에 구입한 상품의 ID를 기록한다.
- 가게 책임자에게 매일 20:00에 매출 합계를 e메일로 통지한다.

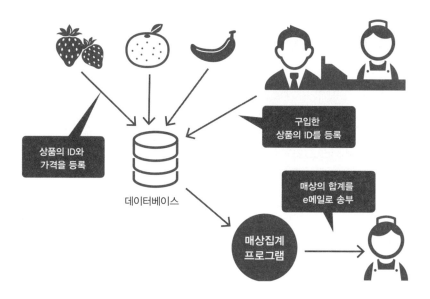

Point

✔ 요건정의 공정에서는 요구사항을 어떻게 시스템에서 실현할 것인가를 고려하여 요구사항정의서에 정리한다.

✔ 데이터베이스에 대해서는 특히 어떤 데이터를 저장 · 출력할 것인지 미리 결정해 둔다.

≫ 저장할 필요가 있는 데이터를 생각한다

데이터베이스에 저장하는 항목을 확인한다 ////////////////////////////////////

5-4절에서 사용자의 요구사항과 필요한 시스템을 정리하는 이야기를 했습니다. 그 것이 가능하다면 이번에는 데이터베이스에 어떤 데이터를 저장할 것인지 생각해야 합니다.

구매한 상품을 관리하는 데이터베이스를 생성하는 경우라면 구체적으로 상품 정보의 어떤 항목을 저장할지 결정해야 합니다. 예를 들면 상품명이나 가격과 같은 상품 자체에 대한 정보 이외에 구입자 정보, 어느 상품을 누가 샀는지 하는 이력 등을 저장할 필요가 있을 것입니다(그림 5-8).

이렇게 데이터베이스에 저장해 두지 않으면 안 되는 정보를 망라해 두고, 이후에 진행되는 순서인 테이블 설계에 활용합니다. 또한 요건정의에서 정리한 시스템을 실현하기 위해 데이터베이스에 저장해 두어야 할 항목에 누락이 없는지 여기서 확인해 둡시다.

저장 대상이 되는 것과 그 항목을 추출한다 ////////////////////////////////////

저장해야 할 데이터를 정리하기 위해서 저장 대상이 되는 실체(**엔티티, Entity**)와 엔티티가 가지는 상세한 항목(**속성**)을 추출합니다.

엔티티는 공통된 내용을 가진 대략적인 데이터의 덩어리를 의미하는데, 바꿔 말하면 데이터 속에 등장하는 사람이나 물건을 가리킵니다. 구체적인 예를 들어 소개하면 상품, 구매자, 구매 이력, 점포 등이 엔티티입니다. 엔티티는 한국어로 실체라고 번역할 수 있는데, 특별하게 실제로 존재하고 있는 것이 아니어도 되며 구입 이력과 같이 개념적인 것도 포함됩니다.

그리고 엔티티에서 한층 더 상세한 항목에 해당하는 속성을 추출합니다. 예를 들어 상품이 운영 주체인 경우 상품명이나 가격, 상품ID 등을 속성으로 추출할 수 있습니다(그림 5-9).

구체적으로 엔티티나 속성을 추출하는 예는 5-17절에서 소개합니다.

그림 5-8　데이터베이스에 저장하는 항목을 결정한다

구입한 상품을 관리하는 데이터베이스를 생성하고 싶은 경우

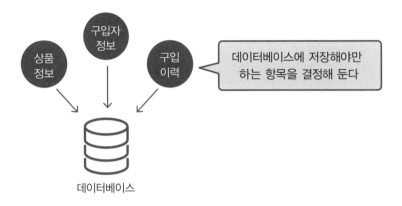

데이터베이스에 저장해야만 하는 항목을 결정해 둔다

데이터베이스

그림 5-9　엔티티와 속성 예시

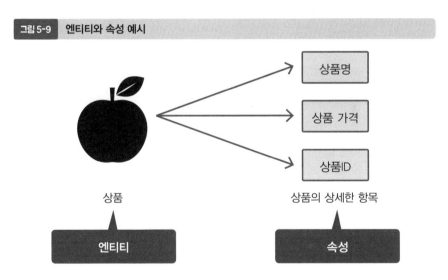

Point

✔ 요건을 기반으로 엔티티와 속성을 추출한다.

✔ 엔티티는 저장 대상이 되는 실체이고 속성은 엔티티가 가지는 상세한 항목

≫ 데이터 간의 관계를 생각한다

엔티티 간의 관계를 확인한다 \\

엔티티는 다른 엔티티와 관계되는 경우가 많은데, 엔티티 간의 연결은 **릴레이션십 (relationship)**이라 불립니다(그림 5-10). 릴레이션 형태의 데이터베이스에서는 여러 가지 관련된 테이블끼리 조합해 데이터를 표현하게 되기 때문에, 미리 엔티티 간의 릴레이션십을 생각해 둠으로써 테이블 설계 시에 테이블 간의 관계와 필요한 컬럼을 파악하기 쉽게 됩니다.

릴레이션십 종류 \\\

릴레이션십에는 다음과 같은 3가지 종류가 있습니다(그림 5-11).

1대다

1대다는 하나의 데이터에 대해 여러 데이터가 관련되어 있다는 관계를 나타냅니다. 예를 들면 한 부서에 여러 직원이 존재하고 있는 상태죠. 또한 SNS 사용자와 해당 게시물의 경우도 1명의 사용자에게 여러 개의 게시물이 존재하기 때문에 1대다의 관계입니다.

다대다

다대다는 하나의 데이터에 여러 개의 데이터가 관련되어 있으며, 상대방도 이쪽의 여러 데이터와 연결되어 있는 관계입니다. 수업과 학생 관계로 예를 들면, 한 개의 수업에 여러 학생이 수강하고, 반대로 한 명의 학생은 여러 수업을 듣는 것과 같습니다.

1대1

1대1은 어떤 데이터에 대응하는 하나의 데이터와 연결되는 관계입니다. 예를 들면 사이트에 등록한 사용자 계정과 메일 수신 설정 정보는 1명의 사용자마다 대응하는 정보가 연결됩니다. 단 테이블 설계 시에 1대1 관계는 하나의 테이블로 묶일 수 있기 때문에 특수한 경우에 한하여 사용되는 경우가 많습니다.

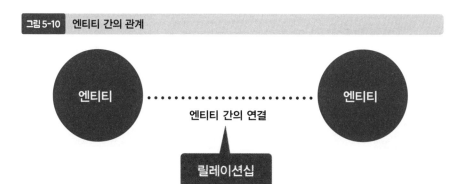

그림 5-10 엔티티 간의 관계

엔티티 ·················· 엔티티

엔티티 간의 연결

릴레이션십

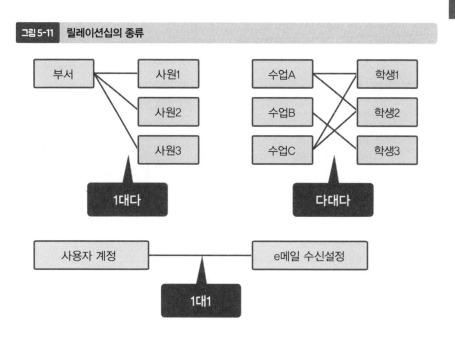

그림 5-11 릴레이션십의 종류

부서 ─ 사원1
부서 ─ 사원2
부서 ─ 사원3

1대다

수업A ─ 학생1
수업B ─ 학생2
수업C ─ 학생3

다대다

사용자 계정 ─ e메일 수신설정

1대1

Point

✔ 엔티티 간의 관계를 릴레이션십이라고 한다.
✔ 릴레이션십에는 1대다, 다대다, 1대1 세 종류가 있다.

≫ 데이터 간의 관계를 그림으로 나타낸다

데이터와 그 관계성을 파악하는 수단

ER 다이어그램은 엔티티와 릴레이션십을 그림으로 나타낸 것입니다. 엄밀히 말하면 ER 다이어그램에도 몇 가지 종류가 있는데, 필요에 따라 개념모델 → 논리모델 → 물리모델의 3개 층으로 나누어 생성합니다. 개념모델은 더욱 추상화한 그림으로 시스템의 전체 모습을 넓게 파악할 수 있으며, 점차적으로 물리모델에 가까워짐에 따라 실제 데이터베이스의 구축에 필요한 상세한 정보를 기재하게 됩니다(그림 5-12).

ER 다이어그램을 이용하지 않아도 데이터베이스를 설계할 수는 있지만, ER 다이어그램을 보는 것만으로 어떤 데이터가 있고 데이터 간에 어떤 관계를 맺고 있는지 한눈에 파악할 수 있기 때문에, 필요에 따라서 만들어 두면 데이터베이스 구축을 원활히 진행할 수 있게 됩니다.

ER 다이어그램은 아래와 같은 프로세스에서 도움이 됩니다(그림 5-13).

- ◆ **테이블 설계**

  ER 다이어그램은 시스템 전체의 로직(logic)이나 업무의 구조, 등장 인물이나 물건을 전체적으로 표현할 수 있습니다. 따라서 테이블 설계에 있어서 필요한 요소를 빠뜨리지 않고 결정하는 데 도움이 됩니다.

- ◆ **문제점 파악**

  데이터베이스에 설계상의 문제가 있을 때 기존의 데이터베이스 전체 모습을 한눈에 파악할 수 있어 문제점을 파악하고 해결방안을 도출하는데 도움을 줄 수 있습니다.

ER 다이어그램을 그리다

ER 다이어그램은 종이 위에 그려도 좋으며, 여러 명의 구성원들이 공유하는 것이라면 그림을 그리는 소프트웨어로 작성하여 전자 데이터로 남겨 두면 편리합니다. ER 다이어그램을 생성하는 전용 소프트웨어도 있기 때문에 그것을 사용하는 방법도 있습니다.

그림 5-12 ER 다이어그램의 개요

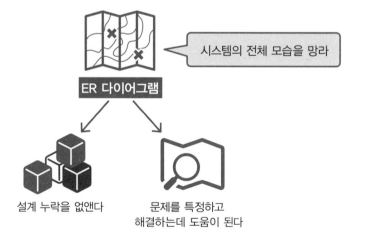

ER 다이어그램 ◀── 엔티티 릴레이션십을 그림으로 표현한 것

개념모델 ─── 추상적

논리모델

물리모델 ─── 구체적

그림 5-13 ER 다이어그램의 용도

시스템의 전체 모습을 망라

ER 다이어그램

설계 누락을 없앤다

문제를 특정하고
해결하는데 도움이 된다

Point

✔ ER 다이어그램은 엔티티(entity)와 릴레이션십(relationship)을 그림으로 나타낸 것

✔ ER 다이어그램으로 데이터베이스의 전체 모습을 그릴 수 있어 테이블 설계나 데이터베
이스상의 문제점을 특정하는데 도움이 된다.

≫ ER 다이어그램의 표현 방법

ER 다이어그램의 기본적인 기술(記述) 방식 \\\

ER 다이어그램에서는 그림 5-14와 같이 엔티티와 속성, 릴레이션십을 보여줍니다. **ER 다이어그램**은 기법에 따라 세부적인 기술 방식은 다르지만 엔티티 이름과 그 엔티티가 가진 속성을 묶어서 기술하고 관련된 엔티티들을 선으로 연결하는 것은 기본입니다.

이때 릴레이션십은 1대다, 다대다, 1대1 중 어떤 종류인지 구별할 수 있도록 합니다. 그림 5-14에서는 화살표의 끝이 「다(多)」를 나타내고 있습니다. 이밖에도 기법에 따라서 여러 가지 기술 방식이 존재합니다.

그림 5-15는 대학교 강의 정보를 ER 다이어그램으로 만든 예입니다. 엔티티는 「교수」와 「강의」, 「학생」이 존재합니다. 교수는 혼자서 복수의 강의를 담당하고 있지만, 1개의 강의에 붙을 수 있는 것은 교수 1명이기 때문에 「교수」와 「강의」는 일대다의 관계입니다. 또한 1개의 강의에 여러 학생이 수강하고 있고 한 학생은 여러 강의를 수강하기 때문에 강의와 학생은 다대다 관계를 갖고 있습니다. 이러한 관계를 글자로 표현하면 알기 어렵겠지만 이렇게 ER 다이어그램으로 나타냄으로써 한눈에 파악할 수 있게 되었습니다.

ER 다이어그램 표기법의 종류 \\\

ER 다이어그램에는 용도에 따라 다양한 표기법이 마련되어 있습니다. 그중에서 유명한 것으로 IDEF1X 표기법이나 IE 표기법을 들 수 있으며, 그림을 그리는 방법이나 표현할 수 있는 내용이 약간 다릅니다. 만약 여러 구성원들과 공유할 경우에는 서로 생각을 맞출 필요가 있기 때문에 사전에 적용할 표기법을 정해 두는 것이 무난합니다.

어떤 표기법이든 개념은 동일하기 때문에 여기에서는 상세한 기술을 생략하고 대략적으로 ER 다이어그램에서 어떤 형태로 데이터를 표현하는지를 설명했습니다. ER 다이어그램에 대해서 더 자세히 알고 싶다면, 지금부터 사용하는 표기법에 대해서 배우면 이해가 더 깊어질 겁니다.

그림 5-14 ER 다이어그램 기술 방식

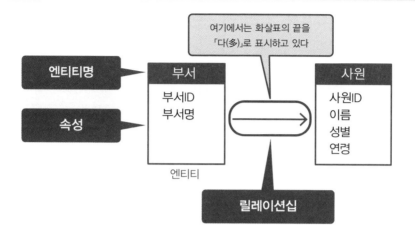

그림 5-15 대학교 강의 정보를 ER 다이어그램으로 나타낸 예시

Point

✔ ER 다이어그램은 엔티티 이름과 그 엔티티가 가진 속성을 묶어서 기술하고 관련된 엔티티들을 선으로 연결하는 것이 기본

✔ ER 다이어그램에는 IDEF1X 표기법이나 IE 표기법 등 용도에 따라 다양한 표기법이 마련되어 있다.

» ER 다이어그램의 종류

ER 다이어그램의 3 가지 모델

5-7절에서 설명한 ER 다이어그램 모델에 대해 구체적으로 설명합니다. 그림 5-16은 대학 강의 정보를 저장하는 데이터베이스를 설계하기 위해 각각의 ER 다이어그램 모델을 생성한 예시입니다. **개념모델**, **논리모델**의 순서로 생성해 나가서 최종적으로 데이터베이스에서 관리할 수 있는 형식인 **물리모델**이 완성됩니다(여기서의 표기 방식은 일례).

모델 종류

개념모델은 3개의 모델 중에서 가장 추상적이며 물건(엔티티)이나 현상을 대략적으로 정리하여 데이터베이스에 필요한 요소를 넓게 바라볼 수 있도록 한 그림입니다. 이 모델에서는 아직 데이터 구조를 의식할 필요가 없습니다. 전체 모습을 정리해 두고 이후의 공정에서 활용할 수 있습니다.

논리모델은 개념모델을 기초로 보다 데이터베이스에 저장되는 데이터 형식에 가까운 형태로 상세하게 기술한 그림입니다. 구체적으로는 개념모델에 속성이나 릴레이션십(1대다, 다대다, 1대1)을 추가해 나갑니다. 그림 5-16에서는 「교수」라고 하는 엔티티에 「교수ID」나 「교수이름」 속성을 추가하고 있습니다. 「강의」나 「학생」 엔티티에 대해서도 마찬가지입니다. 그리고 「교수」와 「강의」 엔티티는 1대다, 「강의」와 「학생」 엔티티는 다대다의 관계라는 것을 알 수 있도록 표시되어 있습니다.

논리모델에서 더욱 상세하게 그린 그림이 물리모델입니다. ER 다이어그램의 최종 모델로 여기서 정리한 내용은 실제로 데이터베이스에 의해 관리 가능한 형식입니다. 논리모델을 바탕으로 실제 데이터베이스에서 적용할 테이블이나 컬럼의 이름, 데이터 타입을 정하거나 필요한 경우 중간관계 테이블(Derived Tables, 5-18절 참조)을 설치합니다. 그림 5-16에서도 데이터베이스와 테이블의 이름을 영어와 숫자로 변환하고 다대다를 표현하기 위해 members라는 중간관계 테이블(Derived Tables)을 두었습니다.

그림 5-16   대학교의 강의 데이터베이스 설계에 대한 ER 다이어그램 예시

개념모델

교수 ──강의를 한다──→ 강의 ←──강의를 듣는다── 학생

논리모델

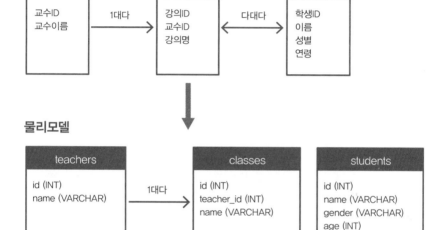

교수		강의		학생
교수ID 교수이름	1대다 →	강의ID 교수ID 강의명	다대다 ↔	학생ID 이름 성별 연령

물리모델

teachers
id (INT)
name (VARCHAR)

1대다 →

classes
id (INT)
teacher_id (INT)
name (VARCHAR)

students
id (INT)
name (VARCHAR)
gender (VARCHAR)
age (INT)

1대다 →   **members**
class_id (INT)
student_id (INT)   ← 1대다

Point

✔ ER 다이어그램은 개념모델 → 논리모델 → 물리모델 순으로 생성된다.

✔ 추상적인 개념모델부터 만들고, 최종적으로는 실제로 데이터베이스에 의해 관리 가능
  한 형식인 물리모델로 만들어 간다.

≫ 데이터의 형태를 갖추다

데이터를 관리하기 쉬운 구조로 만든다

정규화는 한마디로 데이터베이스 안에 있는 데이터를 정리하는 순서입니다. 그림 5-17과 같이 상품 주문을 관리하기 위한 테이블에 대해서 생각해 봅시다. 그림과 같이 데이터를 등록한 이후에 사과 가격에 오류가 발견되어 변경을 하게 되었습니다. 이때 사과에 대한 주문 데이터 분량의 각 데이터를 변경해야 합니다. 대량의 주문이 들어와 있는 경우라면 모든 데이터를 다시 작성하는 것이 귀찮고 수정을 하면서 발생한 누락으로 인하여 데이터에 모순이 발생하게 되는 것도 상상할 수 있습니다. 따로 가격을 관리하는 전용 테이블을 마련해 두어야 이러한 문제를 피할 수 있습니다.

정규화를 진행하면 이렇게 불필요하게 발생하는 데이터 중복을 줄일 수 있고 데이터를 관리하기 쉬운 구조로 만들 수 있습니다.

정규화를 하는 장점

정규화에는 다음과 같은 이점이 있습니다(그림 5-18).

데이터 유지보수가 편해진다

같은 데이터가 여러 곳에 흩어져 있는 일이 없어지기 때문에 데이터를 변경하고 싶은 경우에 수정 범위를 최소한으로 좁힐 수 있습니다. 또한 수정을 하면서 누락이 발생하는 것을 방지하므로 데이터의 모순을 예방할 수 있습니다.

데이터 용량을 줄일 수 있다

불필요한 데이터 중복을 줄일 수 있어 저장을 하기 위해 필요한 영역을 줄일 수 있습니다.

데이터의 범용성이 높아진다

데이터를 정규화하여 정리함으로써 다른 여러 가지 시스템들과 연계나 데이터의 이행을 보다 원활하게 할 수 있게 됩니다.

그림 5-17　정규화를 하는 예시

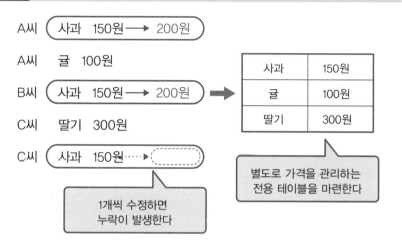

A씨　(사과　150원 ⟶ 200원)

A씨　귤　100원

B씨　(사과　150원 ⟶ 200원)

C씨　딸기　300원

C씨　(사과　150원 ····▶ ⟨ ⟩)

사과	150원
귤	100원
딸기	300원

별도로 가격을 관리하는
전용 테이블을 마련한다

1개씩 수정하면
누락이 발생한다

그림 5-18　정규화의 장점

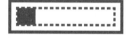

용량을 줄일 수 있다

유지보수(Maintenance)가
쉬워진다

다른 용도로
사용하기 쉬워진다

Point

✔ 정규화는 데이터베이스 안에 존재하는 데이터를 정리하는 절차를 말한다.
✔ 정규화를 하면 불필요한 데이터의 중복을 줄일 수 있고 데이터를 관리하기 쉬운 구조로 정리할 수 있다.

5-11 제1정규형

≫ 항목을 중복시키지 않도록 한다

데이터베이스에 입력 가능한 형태로 만드는 제1정규형 \\\\\\\\\\\\\\\\\\\\\\\\\\

정규화를 실시할 때는 제1정규형, 제2정규형……과 같이 단계를 밟아 나가는데, 첫 번째 단계인 **제1정규형**의 특징은 하나의 데이터 안에서 반복적으로 나오는 항목이 배제되어 있다는 것입니다.

테이블에 데이터를 입력할 때 세로 방향으로 레코드를 추가하는 형태로 입력해 나가는데, 가로 방향의 항목(컬럼)을 고정해 둘 필요가 있습니다. 그렇게 하지 않고 여러 개의 동일한 항목이 나오는 경우에는 컬럼이 부족해서 등록할 수 없게 됩니다.

예를 들어 상품을 데이터베이스로 관리하는 경우, 같은 행에 상품 1의 이름과 가격, 상품 2의 이름과 가격, 상품 3의 이름과 가격……으로 증가하는 데이터의 형태로는 데이터베이스에서 취급할 수 없습니다. 따라서 우선은 제1정규형으로 데이터베이스에 등록할 수 있는 형태로 데이터를 변환해 나갑니다.

제1정규형의 예 \\

엑셀과 같이 표를 계산하는 소프트웨어로 학교의 강의마다 시트를 만들고, 수강하는 학생을 목록으로 관리하는 경우를 예로 들어보겠습니다. 이것을 하나의 표로 모으면 그림 5-19와 같습니다. 지금 이 상태에서는 1개의 강의에 학생ID, 학생이름 항목이 반복해서 나옵니다. 이렇게 한 줄에 같은 항목이 반복해서 나오는 표를 비정규형이라고 부릅니다.

이대로는 데이터베이스에서 관리하기 어렵기 때문에 한 줄 안에 반복적으로 나오는 학생 관련 항목을 다른 줄로 독립시킵니다. 그 결과 그림 5-20과 같이 되었습니다. 1행당 나오는 학생은 1명뿐이어서 학생ID나 학생이름 항목이 반복해서 나오는 일이 없어졌습니다. 그만큼 같은 강의명이 여러 줄에 걸쳐서 나오게 되는데 여기서는 이렇게 해도 문제가 없습니다. 이것이 제 1정규형입니다.

그림 5-19 비정규형의 특징

강의명	교수명	교수연락처	학생ID	학생명
데이터베이스	임꺽정	010-****_****	1	이순신
			2	홍길동
			3	강감찬
프로그래밍	김홍도	010-****_****	2	홍길동
			4	유관순

1행에 대해서 동일한
항목이 반복해서 나온다

그림 5-20 제1정규형의 예시

강의명	교수명	교수연락처	학생ID	학생명
데이터베이스	임꺽정	010-****_****	1	이순신
데이터베이스	임꺽정	010-****_****	2	홍길동
데이터베이스	임꺽정	010-****_****	3	강감찬
프로그래밍	김홍도	010-****_****	2	홍길동
프로그래밍	김홍도	010-****_****	4	유관순

1행마다 독립시킨다

Point

✔ 제1정규형의 특징은 하나의 데이터 안에서 반복적으로 나오는 항목이 배제되어 있다는
점이다.
✔ 데이터를 제1정규형으로 하면 데이터베이스에 등록할 수 있는 형태가 된다.

≫ 다른 종류의 항목을 분할한다

데이터를 관리하기 쉽게 하는 제2정규형 \\

테이블 중에는 값을 알면 특정 행으로 좁혀 들어갈 수 있는 컬럼이 있습니다. 이 컬럼에 대응하여 값이 정해지는 종속 관계 컬럼이 있는 경우 해당 컬럼을 다른 테이블로 분리시킵니다. 이러한 결과를 **제2정규형**이라고 합니다.

그림 5-21과 같이 상품의 재고를 관리하는 테이블 항목에 점포명, 상품명, 상품 가격, 재고 수가 있는 경우 이 항목 중 점포명과 상품명만 알면 하나의 레코드로 좁힐 수 있습니다. 그리고 이들 항목에 대응하는 항목들을 분리시키는데, 이번에는 상품명에 대해서 가격이 대응되고 있기 때문에 제2정규형의 스텝(Step)에서 별도의 테이블로 분리시킵니다.

종속 관계를 제거함으로써 종류가 다른 데이터를 나누어 관리할 수 있습니다. 예를 들어 신상품이 입고되었을 때 상품명과 가격을 미리 기록할 수 있습니다. 만약 주문 테이블에 한꺼번에 상품 정보를 등록해 두었다면, 신상품이 입고되어도 주문이 없으면 상품 정보 등록이 안 되고 나중에 상품명을 편집할 때 여러 레코드를 대상으로 변경을 해야 되므로 데이터의 부정합이 일어날 가능성도 있습니다. 제2정규형을 함으로써 이러한 문제점이 없어지고 데이터를 관리하기 쉬운 형태로 만들 수 있습니다.

제2정규형의 예 \\

그림 5-22에서 생각해 보면, 레코드를 하나로 특정할 수 있는 컬럼은 강의 이름과 학생ID입니다. 이 중 강의명은 교수명과 교수 연락처에, 학생ID는 학생명과 대응하고 있습니다. 이러한 종속 관계가 되어 있는 항목을 뽑아내어 다른 테이블로 분리합니다. 그랬더니 강의당 수강학생 목록 테이블과 강의 테이블, 학생 테이블이 생겼습니다. 이것이 제 2정규형입니다.

그러면 강의나 학생정보를 따로 관리할 수 있고, 아직 수강할 학생이 정해지지 않은 강의나 아직 수강하지 않은 학생정보도 미리 등록해 둘 수 있습니다. 강의를 담당하는 교수명을 변경하고 싶을 때는 강의 테이블에 해당하는 레코드 하나를 편집하기만 하면 됩니다.

그림 5-21   레코드를 다른 것과 구별되도록 정하는 항목 예시

상품의 재고를 관리하는 테이블

점포명	상품명	상품가격	재고수
A지점	사과	200	3
A지점	딸기	300	5	← A지점의 딸기 재고는 5
B지점	사과	200	2
B지점	귤	100	3
C지점	딸기	300	1	← C지점의 딸기 재고는 1

점포명과 상품명을 알면 특정한 1행(레코드)을 알 수 있다

그림 5-22   제2정규형의 예시

레코드를 1개로 특정할 수 있는 컬럼   종속 관계
종속 관계

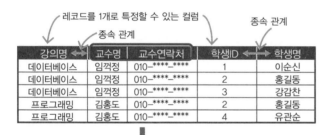

강의명	교수명	교수연락처	학생ID	학생명
데이터베이스	임꺽정	010-****-****	1	이순신
데이터베이스	임꺽정	010-****-****	2	홍길동
데이터베이스	임꺽정	010-****-****	3	강감찬
프로그래밍	김홍도	010-****-****	2	홍길동
프로그래밍	김홍도	010-****-****	4	유관순

강의명	학생ID
데이터베이스	1
데이터베이스	2
데이터베이스	3
프로그래밍	2
프로그래밍	4

강의명	교수명	교수연락처
데이터베이스	임꺽정	010-****-****
프로그래밍	김홍도	010-****-****

학생ID	학생명
1	이순신
2	홍길동
3	강감찬
4	유관순

레코드를 1개로 특정할 수 있는 컬럼과 종속 관계에
있는 것들을 별도의 테이블로 분리한다.

Point

✔ 제2정규형은 제1정규형부터 레코드를 독립되게 정하는 항목과 관련된 데이터를 분리시
킨 것

✔ 제2정규형을 하면, 다른 종류의 데이터를 별도로 관리할 수 있어 데이터의 등록이나 편
집이 용이해진다.

≫ 종속 관계에 있는 항목을 분할한다

부정합을 예방하는 제3정규형

제2정규형에서는 행을 하나로 특정할 수 있는 컬럼과 종속 관계인 것을 다른 테이블로 분리시켰습니다. **제3정규형**에서는 여기서부터 다시 그 외의 종속 관계가 존재하는 컬럼을 다른 테이블로 나눕니다.

제2정규형일 때와 마찬가지로 종속 관계를 제거함으로써 동일한 데이터가 여러 레코드에 걸쳐 등록되는 것을 막을 수 있고, 나중에 정보를 편집할 때 하나의 값을 바꾸면 다른 대응되는 데이터 모두에 반영됩니다. 따라서 데이터의 부정합이 일어나는 것을 막을 수 있습니다.

제3정규형의 예

5-12절의 제2정규형 테이블에서 많이 정리가 됐는데 여기서 더 분리할 수 있는 테이블이 없는지 확인합니다. 강의 테이블을 보면, 교수명의 값이 정해지면 교수 연락처도 정해지게 되는 종속 관계가 되어 있습니다. 이러한 2개의 항목은 별도의 테이블로 나눌 수 있습니다(그림 5-23).

이와 같이 하면 교수의 정보를 별개로 관리할 수 있고, 예를 들면 교수 연락처를 변경하고 싶을 때는 비록 교수가 복수의 강의를 담당하고 있는 경우여도 해당하는 레코드를 편집하는 것만으로 가능하게 됩니다.

정규화할 때의 보완

제3정규형으로 치환한 그림 5-23에서는 만약에 같은 이름의 교수가 있을 경우, 교수 테이블에 교수명이 동일한 값의 레코드가 여러 개로 되어 버려 분간할 수 없게 됩니다. 그래서 따로 새로 교수ID 컬럼을 만들어서 강의 테이블에는 교수명이 아닌 교수ID 컬럼을 연결시키면 이런 문제를 막을 수 있습니다. 강의 테이블에서도 마찬가지로 강의ID를 만들게 되면 그림 5-24와 같습니다.

그림 5-23 제3정규형 예시

종속 관계

강의명	학생ID
데이터베이스	1
데이터베이스	2
데이터베이스	3
프로그래밍	2
프로그래밍	4

강의명	교수명	교수명
데이터베이스	임꺽정	010-****-****
프로그래밍	김홍도	010-****-****

학생ID	학생명
1	이순신
2	홍길동
3	강감찬
4	유관순

강의명	학생ID
데이터베이스	1
데이터베이스	2
데이터베이스	3
프로그래밍	2
프로그래밍	4

강의명	교수명
데이터베이스	임꺽정
프로그래밍	김홍도

교수명	교수연락처
임꺽정	010-****-****
김홍도	010-****-****

학생ID	학생명
1	이순신
2	홍길동
3	강감찬
4	유관순

종속 관계인 것을 별도의 테이블로 분리한다

그림 5-24 각 테이블에 ID를 두는 예시

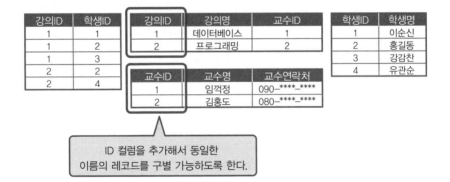

강의ID	학생ID
1	1
1	2
1	3
2	2
2	4

강의ID	강의명	교수ID
1	데이터베이스	1
2	프로그래밍	2

교수ID	교수명	교수연락처
1	임꺽정	090-****-****
2	김홍도	080-****-****

학생ID	학생명
1	이순신
2	홍길동
3	강감찬
4	유관순

ID 컬럼을 추가해서 동일한 이름의 레코드를 구별 가능하도록 한다.

Point

✔ 제3정규형은 제2정규형에서 다시 종속 관계에 있는 데이터를 나눈 것
✔ 제3정규형을 하면 종속 관계가 없어져 데이터의 부정합이 일어나는 것을 막을 수 있다.

≫ 컬럼에 부여하는 설정을 결정한다

컬럼의 데이터 타입, 제약, 속성을 결정한다 ///////////////////////////////////

데이터를 저장할 때 필요한 컬럼을 결정했다면 이제 각각의 컬럼에 부여할 데이터 타입과 제약, 속성을 결정할 필요가 있습니다.

우선 데이터 타입은 컬럼마다 저장하는 값의 포맷에 따라 **숫자형, 문자열형, 날짜형** 등을 부여할 필요가 있습니다.

또한 제약이나 속성과 관련하여 초깃값을 설정할 것인지 여부, 데이터가 비어있는 상태를 허용하지 않도록 할 것인지 여부, 다른 레코드와 같은 값을 넣을 수 없도록 부여할 것인지 여부, 또는 자동으로 순번을 저장할 것인지 여부, 주 키나 외부 키로 설정할 것이지 여부, 다른 레코드와 같은 값을 부여할 것인 것 여부, 제약을 부여할 것인지 여부 등의 관점으로부터 컬럼에 부여하고자 하는 설정을 결정하고 있습니다 (데이터 타입이나 제약의 종류에 대해서는 제4장 참조).

컬럼에 설정을 부여하는 예 ///

그림 5-25는 컬럼에 설정을 부여한 예입니다.

각각의 테이블에 있는 강의ID, 교수ID, 학생ID는 주 키가 되는데 자동적으로 순번을 부여함으로써 레코드를 다른 레코드로부터 한 번에 특정할 수 있도록 하는 컬럼입니다.

그리고 강의명이나 교수이름, 학생이름 등의 컬럼은 빈칸으로 저장되지 않도록 빈 상태를 허용하지 않는 설정이 추가되어 있습니다. 다른 테이블의 값과 연결된 컬럼에 대해서는 외부 키로 설정해 두고 참조되는 테이블에 존재하지 않는 값은 저장할 수 없도록 해 두었습니다.

덧붙여서 교수연락처는 숫자가 나열되어 저장되는 것을 고려하여 숫자형으로 되어 있습니다. 하이픈(−)을 넣어서 저장하고 싶은 경우에는 문자열형으로 할 수도 있습니다.

그림 5-25   컬럼에 설정을 부여하는 예시

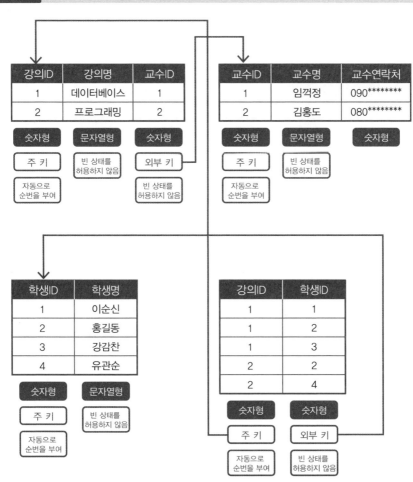

Point

✔ 필요한 컬럼을 결정했으면 이제 각각의 컬럼에 부여하는 데이터 타입과 제약, 속성을 결정한다.

✔ 데이터 타입에 대해서는 저장하는 값의 포맷에 따라 숫자형, 문자열형, 날짜형 등을 부여한다.

✔ 제약이나 속성에 대해서는 초깃값, 빈 데이터나 중복 데이터의 허용 여부, 순번을 부여할 것인지 여부, 주 키나 외부 키로 할 것인지 여부 등의 관점에서 설정을 결정한다.

» 테이블과 컬럼의 이름을 정한다

알기 쉬운 테이블 이름이나 컬럼 이름

테이블이나 컬럼의 이름은 대부분 영어와 숫자를 사용하고 있습니다. 한국어로 작성하면 특정 환경에서 동작하지 않거나 부주의한 에러가 발생할 수도 있기 때문에 특별한 사유가 없는 한 영어와 숫자를 사용하고 있습니다.

그 밖에도 테이블명이나 컬럼명을 만들 때의 **명명규칙**이나, 알기 쉬운 이름을 붙이는 요령을 아래에 정리했습니다. 이것이 정답은 아니지만 필요하다면 참고하세요(그림 5-26).

- ◆ 테이블 이름이나 컬럼 이름에는 영어와 숫자, 언더바(underbar)만을 사용한다
- ◆ 대문자를 쓰지 않고 모두 소문자로 통일하며 첫 글자에 숫자는 쓰지 않는다
- ◆ 테이블 이름은 복수형으로 한다
- ◆ 다른 사람이 이해하기 쉬운 이름으로 짓는다(줄임말은 피한다 등)
- ◆ 다른 테이블의 주 키와 join하기 위한 컬럼은 「테이블 이름(단수 형태)_id」로 통일한다 (user_id, item_id 등)
- ◆ 컬럼에 어떤 종류의 값이 저장되어 있는지 알 수 있게 한다(BOOLEAN형의 경우 「is_○○○」, 날짜의 경우 「○○○_at」 등)
- ◆ 컬럼 이름에 「○○○_flag」는 피한다(예를 들어 「delete_flag」가 아닌 「is_deleted」로 하면 true일 때 삭제된 상태라는 것을 알 수 있음)

동의어와 동음이의어는 피한다

동의어(synonym)는 다른 이름인데 같은 의미를 가진 단어입니다. 예를 들어 상품을 가리키는 단어로 「item」이나 「product」가 있는데, 둘 중 하나로 통일합니다. 같은 종류의 데이터라는 것을 알기 때문에 혼란스럽지 않습니다.

또 같은 이름인데도 다른 의미를 가진 말을 **동음이의어(homonym)**이라고 합니다. 판매자와 구매자를 저장할 때 모두 「user」라고 하는 이름을 붙이면, 구별할 수 없게 되어 버려 혼란의 근원이 됩니다. 이러한 경우는 「seller」나 「buyer」 등의 이름을 생각할 수 있습니다(그림 5-27).

그림 5-26 테이블이나 컬럼 이름을 붙일 때의 요점(point)

✕ 회원 ◁ 한국어는 사용하지 않는다

〇 customer

✕ a_users ◁ 생략어를 피한다

〇 admin_users

✕ USERS
Users ◁ 소문자로 한다

〇 users

〇 customer_id
company_id ◁ 다른 테이블에 대응하는 ID용 컬럼은 단수형_id로 한다

BOOLEAN형이라는 것을 알 수 있다

✕ company ◁ 테이블 이름은 복수형으로 한다

〇 companies

〇 is_editable
created_at ◁ 날짜라는 것을 알 수 있다

✕ 123_table ◁ 첫 글자에 숫자를 사용하지 않는다

✕ delete_flag

〇 is_deleted ◁ true가 삭제된 상태라는 것을 알 수 있다.

Chapter
5

테이블과 컬럼의 이름을 정한다

그림 5-27 동의어와 동음이의어 의미

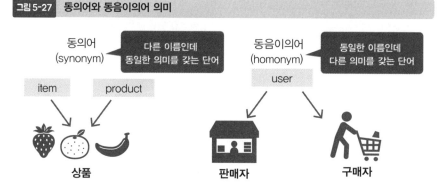

동의어
(synonym) ◁ 다른 이름인데 동일한 의미를 갖는 단어

동음이의어
(homonym) ◁ 동일한 이름인데 다른 의미를 갖는 단어

item   product

user

상품

판매자   **구매자**

Point

✔ 테이블이나 컬럼의 이름은 대부분 영어와 숫자를 사용한다.

✔ 이름을 붙일 때 명명 규칙을 정해 두고 통일시키도록 한다.

✔ 다른 사람이 봐도 저장된 값을 이해할 수 있는 이름을 짓는다.

≫ 책 리뷰 사이트의 테이블을 설계하는 예 ①
– 완성 후의 이미지

책 리뷰 사이트에 필요한 기능을 생각한다 \\

책 리뷰 사이트에서 사용할 테이블을 설계해 봅시다. 먼저 필요한 기능을 정리하고 완성 후 시스템의 이미지를 파악해야 합니다. 다음은 **요건을 추출**한 예입니다(그림 5-28).

주요 기능

◆ 사이트 이용자는 계정(account)을 등록해야 한다

◆ 아직 등록하지 않은 사용자는 신규 등록 페이지에서 등록할 수 있다.

◆ 책 목록 페이지에서는 새로 등록된 순서대로 책 제목을 확인할 수 있다

◆ 책 제목을 클릭하면 책 상세 페이지로 넘어간다

◆ 책의 상세 페이지에서 그 책을 즐겨찾기에 추가할 수 있다

◆ 즐겨 찾는 책은 즐겨찾기 목록 페이지에서 볼 수 있다

◆ 책 상세 페이지에서 사용자가 올린 리뷰를 확인할 수 있다

◆ 사용자는 새로 리뷰를 추가할 수 있다

◆ 사용자 이름을 클릭하면 해당 사용자의 상세 정보를 확인할 수 있다

필요한 페이지

◆ 로그인

◆ 신규 등록

◆ 책 목록

◆ 즐겨찾기 목록

◆ 책의 상세 및 리뷰 목록

◆ 사용자 상세

◆ 리뷰 게시

상세한 사양

◆ 책 및 리뷰 목록은 각각 새로 등록, 게시된 순서대로 표시한다.

◆ 회원 가입 시에는 사용자명, 패스워드, 자기소개를 기입해야 한다.

그림 5-28 책 리뷰 사이트의 개요

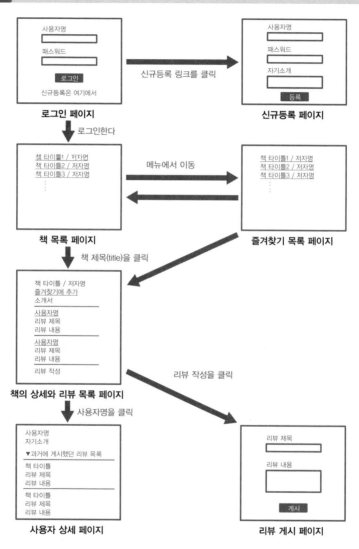

Point

✔ 데이터베이스를 설계할 때는 먼저 어떤 기능이 필요한지 글이나 그림으로 정리해 둔다.

✔ 다른 사람이 봐도 완성 후의 이미지를 쉽게 알 수 있도록 한다.

≫ 책 리뷰 사이트의 테이블을 설계하는 예 ②
– 데이터의 관계성 파악

책 리뷰 사이트의 엔티티와 속성 //

어떤 데이터를 데이터베이스에 저장할 것인지 정리하기 위해 5-16절에서 파악한 요
건을 바탕으로 **엔티티(entity)와 속성(attribute)을 추출**합니다. 그 결과는 그림 5-29와
같습니다.

페이지에서 등장하는 인물이나 물건을 엔티티로서 추출하는데, 이번에는 「사용자」와
「책」과 「리뷰」를 추출할 수 있습니다. 또한 속성으로서 엔티티에 부수적이며 페이지에
서 입력하거나 출력하는 정보를 추출해갑니다. 예를 들면 사용자 속성으로 등록 시
입력되는 사용자 이름이나 패스워드, 자기소개 정보가 있습니다. 그 외에 페이지에
는 새로 등록된 책의 순서대로 표시하는 기능이 있기 때문에 책의 속성으로 등록일자
도 추가했습니다. 이와 같이 페이지에서 기능으로 이용할 필요가 있는 정보도 기재
해 나갑니다.

ER 다이어그램으로 나타내다 //

추출한 엔티티와 속성을 ER 다이어그램으로 나타내면 그림 5-30과 같이 됩니다.
1명의 사용자는 복수의 리뷰를 게시할 수 있으므로 「사용자」와 「리뷰」는 1대다의 관계
가 됩니다. 또한 1권의 책에 대해서 복수 개의 리뷰가 게시되므로 「책」과 「리뷰」는 1대
다의 관계가 됩니다. 즐겨찾기 기능에서는 1명의 사용자가 복수의 책을 즐겨찾기로
등록하고, 1권의 책은 복수의 사용자로부터 즐겨찾기에 추가되므로 「사용자」와 「책」
은 다대다의 관계가 됩니다.

이렇게 ER 다이어그램으로 나타냄으로써 한눈에 엔티티(entityt)와 그에 부수되는
속성(attribute), 그리고 릴레이션십(relationship)을 파악할 수 있고 테이블 설계
에 활용할 수 있습니다.

이번에는 간단하게 ER 다이어그램을 소개하기 위해 릴레이션십을 화살표로 표시했
지만, 기법에 따라서는 사용하는 방식이 다를 수 있으므로 주의가 필요합니다.

그림 5-29 엔티티와 속성을 추출한 결과

엔티티	사용자	책	리뷰
속성	사용자명	제목	리뷰 대상 책
	패스워드	저자명	리뷰한 사용자
	자기소개	등록일	제목
			내용

그림 5-30 ER 다이어그램으로 나타낸 결과

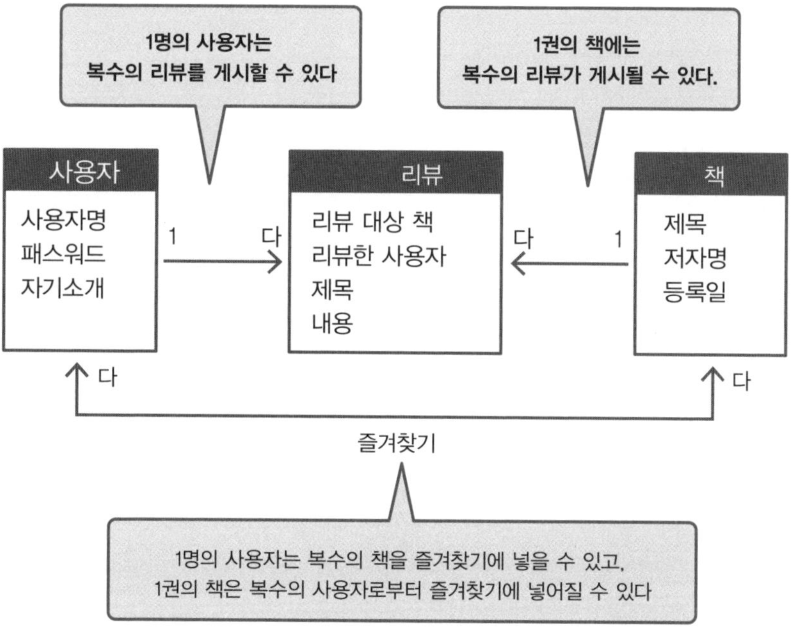

1명의 사용자는
복수의 리뷰를 게시할 수 있다

1권의 책에는
복수의 리뷰가 게시될 수 있다.

사용자
사용자명
패스워드
자기소개

리뷰
리뷰 대상 책
리뷰한 사용자
제목
내용

책
제목
저자명
등록일

1   다

다   1

다

다

즐겨찾기

1명의 사용자는 복수의 책을 즐겨찾기에 넣을 수 있고,
1권의 책은 복수의 사용자로부터 즐겨찾기에 넣어질 수 있다

Point
✔ 요건을 바탕으로 엔티티와 속성을 추출한다.
✔ 시스템에서 등장하는 인물이나 물건은 엔티티로 추출하고, 엔티티에 부수적으로 필요한 정보는 속성으로 추출해간다.
✔ ER 다이어그램으로 나타내면 한눈에 엔티티와 속성, 릴레이션십을 파악할 수 있어서 테이블 설계에 활용할 수 있다.

≫ 책 리뷰 사이트의 테이블을 설계하는 예 ③
– 필요한 테이블 결정

ER 다이어그램을 기반으로 테이블을 생각한다

5-16절에서 정리한 요건이나 5-17절에서 생성한 ER 다이어그램(그림 5-30) 등의 내용에 따라 필요한 테이블이나 컬럼을 정하는 **테이블 정의**를 하게 됩니다. 그 중간 과정은 그림 5-31과 같습니다.

이번 경우는 ER 다이어그램과 거의 비슷한 형태로 사용자, 리뷰, 책을 저장하는 테이블을 만듭니다. 그 후 만약 필요하다면 정규화를 실시하고 테이블을 분리하는 것 등도 검토합니다. 각각의 테이블에는 레코드를 식별할 수 있는 「id」 컬럼도 만들었습니다.

또 사용자와 리뷰는 1대다의 관계를 가지고 있어 다에 해당하는 리뷰 테이블에 레코드를 연결하기 위한 컬럼으로 「사용자ID」를 만들 필요가 있습니다. 마찬가지로 책과 리뷰 테이블을 연결하기 위해서 리뷰 테이블에 「책ID」 컬럼을 만들었습니다.

다대다를 테이블로 표현한다

그림 5-30 외에도 필요한 테이블이 또 있습니다. 그림 5-30으로 나타낸 ER 다이어그램에서는 즐겨찾기 기능 때문에 사용자와 책은 다대다의 관계에 있었습니다. 이러한 관계를 테이블로 표현하기 위해서는 그림 5-32와 같이 즐겨찾기 테이블도 추가할 필요가 있습니다.

사용자 테이블과 책 테이블 사이에 즐겨찾기 테이블을 새로 만들고, 양쪽 테이블의 ID를 저장하는 컬럼을 만들어 두면 양쪽 테이블을 연결시킬 수 있습니다. 이런 역할을 하는 테이블을 **중간관계 테이블**이라고 부릅니다.

이로써 한 사용자와 여러 개의 책, 한 권의 책에서 여러 사용자와 결합할 수 있어 다대다를 실현할 수 있습니다.

그림 5-31 필요한 테이블과 컬럼을 추출한다

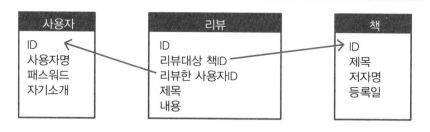

그림 5-32 다대다 관계를 테이블로 표현한 결과

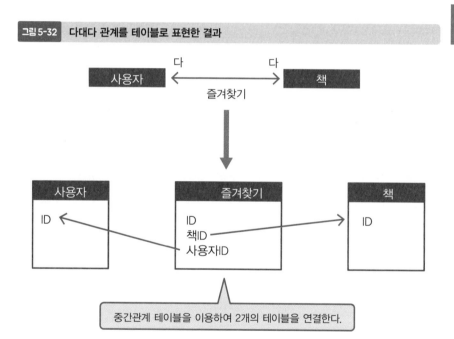

중간관계 테이블을 이용하여 2개의 테이블을 연결한다.

✔ 정리된 요건과 ER 다이어그램을 바탕으로 필요한 테이블과 컬럼을 결정한다.

✔ 필요하다면 정규화를 한다.

✔ 다대다의 관계를 나타낼 때는 중간관계 테이블을 사용한다.

≫ 책 리뷰 사이트의 테이블을 설계하는 예 ④
– 테이블 컬럼을 조정하다

테이블 컬럼의 설정과 명명 규칙을 준비하다

필요한 테이블이나 컬럼이 결정되면 5-14절에서 설명한 것처럼 컬럼에 부여하는 **데이터 타입과 제약, 속성을 결정**합니다. 여기에 5-15절처럼 테이블이나 컬럼의 이름을 조정하면 그림 5-33과 같은 결과가 나타납니다.

각각의 테이블에 「id」 컬럼은 다른 레코드 값과 중복되지 않도록 주 키로 하고 자동으로 순번을 부여하도록 했습니다. 또한 다른 테이블과 관계를 맺기 위해 ID를 저장하는 컬럼은 「테이블명(단수계열)_id」로 통일하고 외부 키로 했습니다. 또한 books 테이블 등록일자를 저장하는 컬럼은 날짜가 저장되는 컬럼이라는 것을 알 수 있도록 「○○○_at」으로 되어 있습니다.

데이터베이스 설계 지식을 활용하기 위해

이렇게 함으로써 책 리뷰 사이트의 테이블을 설계할 수 있었습니다. 여기서는 설계를 원활히 진행하거나 데이터 구조를 쉽게 이해하기 위해서 몇 개의 스텝으로 나누어 설계 순서를 소개했지만, 소규모의 데이터베이스라면 중간 과정을 생략하거나 익숙해지면 제1정규형, 제2정규형……이라고 하는 것을 의식하지 않아도 자연스럽게 정규화된 테이블 설계를 할 수 있을 것입니다.

여기서 소개한 절차나 그림은 어디까지나 테이블을 설계하는 수단 중의 하나이기 때문에, 기본을 이해할 수 있다면 프로젝트 규모나 생성하는 시스템, 자신의 스킬(skill)에 따라 적절하게 구분하여 사용합니다.

그림 5-33　테이블 정의를 실행한 결과

users

id	숫자형	주 키	자동으로 순번을 부여
name	문자열형	빈상태를 허락하지 않음	
password	문자열형	빈상태를 허락하지 않음	
biography	문자열형		

books

id	숫자형	주 키	자동으로 순번을 부여
title	문자열형	빈상태를 허락하지 않음	
author_name	문자열형	빈상태를 허락하지 않음	
created_at	날짜형	빈상태를 허락하지 않음	

reviews

id	숫자형	주 키	자동으로 순번을 부여
book_id	숫자형	빈상태를 허락하지 않음	외부 키
user_id	숫자형	빈상태를 허락하지 않음	외부 키
title	문자열형	빈상태를 허락하지 않음	
comment	문자열형	빈상태를 허락하지 않음	

favorites

id	숫자형	주 키	자동으로 순번을 부여
book_id	숫자형	빈상태를 허락하지 않음	외부 키
user_id	숫자형	빈상태를 허락하지 않음	외부 키

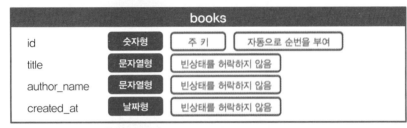
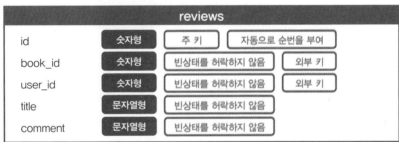

Point

✔ 필요한 테이블이나 컬럼이 정해지면 컬럼에 부여하는 데이터 타입과 제약, 속성을 정하고 이름을 조정한다.

✔ 프로젝트 규모나 만드는 시스템, 자신의 스킬(skill)에 따라 설계 수단을 구분하여 사용한다.

데이터베이스를 정규화해 보자.

아래는 케이크 가게의 예약 정보를 정리한 표입니다. 이를 정규화하고 테이블을 나누어 관리하도록 데이터베이스 구성을 변경해 봅시다.

고객명	고객주소	배달일	배달담당자	배달담당자 연락처	상품명	가격	주문건수
홍길동	서울시 서초구	10/1	김유신	010-****-****	쇼트케이크	200	2
					치즈케이크	250	1
					몽블랑	300	1
임꺽정	서울시 강남구	10/2	김유신	010-****-****	치즈케이크	250	3
					몽블랑	300	2
홍길동	서울시 서초구	10/5	장보고	020-****-****	쇼트케이크	200	3
					치즈케이크	250	2
이순신	서울시 동작구	10/5	장보고	020-****-****	치즈케이크	250	3

응답 사례

주문 테이블

id	고객id	배달일	배당담당자id
1	1	10/1	1
2	2	10/2	1
3	1	10/5	2
4	3	10/5	2

주문상품 테이블

주문id	상품id	주문건수
1	1	2
1	2	1
1	3	1
2	2	3
2	3	2
3	1	3
3	2	2
4	2	3

고객 테이블

id	고객명	고객주소
1	홍길동	서울시 서초구
2	임꺽정	서울시 강남구
3	이순신	서울시 동작구

상품 테이블

id	상품명	가격
1	쇼트케이크	200
2	치즈케이크	250
3	몽블랑	300

배달담당자 테이블

id	배당담당자	배달담당자 연락처
1	김유신	010-****-****
2	장보고	020-****-****

Chapter 6

데이터베이스 운용

안전한 운용을 목표로 하기 위해

Database

≫ 데이터베이스가 위치하는 장소

자체 설비인가, 외부 시스템을 이용하는가

데이터베이스를 운용하는 방법으로 **온프레미스(on-premise)**와 **클라우드(cloud)**가 있습니다.

온프레미스는 자체 설비를 이용하여 데이터베이스를 운용하는 방법입니다. 서버나 회선을 사내에서 조달하여 시스템을 구축합니다. 처음에는 이러한 운용방법이 대부분이었으나, 나중에 등장하는 클라우드와 구별하기 위해서 온프레미스라는 말을 사용되게 되었습니다.

한편 클라우드는 인터넷을 통해 외부의 데이터베이스 시스템을 이용하는 방법입니다. 온프레미스 같이 자체적으로 설비를 떠안을 필요가 없고, 외부 사업자에 의해 미리 준비되어 있는 시스템을 이용합니다.

비용과 보안 측면의 차이

온프레미스의 경우는 내부적으로 설비를 조달하고 운용을 합니다. 그렇기 때문에 기기를 선택하여 구입하고 셋업(setup)하며 장애 대응을 하는 등 하나부터 열까지 필요한 작업을 스스로 하지 않으면 안 되기 때문에 수고가 듭니다. 또한 도입 시에는 설비를 구입하기 위한 비용이나 운용 시의 전기세, 보수 비용이 들어가기 때문에 비용이 증가하기 쉽다는 특징이 있습니다. 그 대신 자유롭게 맞춤형으로 원하는 대로 시스템을 유연하게 변경할 수 있습니다. 또한 내부에서 사용하는 시스템은 외부와 접속할 필요가 없기 때문에 보안(security) 측면에서 유리합니다.

한편 클라우드는 외부 사업자에 의해 제공되는 시스템을 이용하기 때문에 운용에 드는 번거로움을 최소화할 수 있습니다. 또한 설비를 자체적으로 준비할 필요가 없고 비용은 이용한 만큼 지불하므로 초기 비용이나 운용 측면의 코스트를 줄일 수 있기도 합니다. 다만 네트워크를 통해서 사용하기 때문에 보안 측면에서 고려가 필요하며 커스터마이즈(customize)는 제공되는 서비스 범위 내에서만 가능하다는 단점도 있습니다(그림 6-2).

| 그림 6-1 | 온프레미스와 클라우드의 의미 |

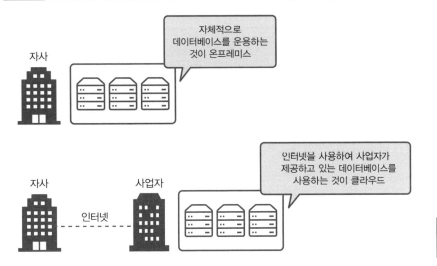

자사

자체적으로 데이터베이스를 운용하는 것이 온프레미스

인터넷을 사용하여 사업자가 제공하고 있는 데이터베이스를 사용하는 것이 클라우드

자사　　　사업자

인터넷

| 그림 6-2 | 온프레미스와 클라우드의 특징 |

	온프레미스	클라우드
비용	설비 금액이나 전기료, 보수비용이 들어가기 때문에 높은 금액이 되기 쉽다	사업자에 따라 다르지만 보다 저렴할 수 있다
도입과 운용에 걸리는 수고	모두 내부에서 수행한다	어느 정도는 사업자에게 맡긴다
보안	내부에서만 사용하는 경우 외부와의 접속이 없는 만큼 안전하다	온라인 상에 있는 만큼 위험도는 올라간다
커스터마이즈 자유도	요구에 맞게 자유롭게 커스터마이즈 할 수 있다	사업자에 의해 준비되어 있는 플랜 (plan)만

Point

✔ 온프레미스는 자체 설비에서 데이터베이스를 운용하는 방법이고, 클라우드는 인터넷을 통해 외부의 데이터베이스 시스템을 이용하는 방법이다.

✔ 온프레미스는 도입과 운용에 비용이 소요되지만 안전하고 자유도가 있는 반면, 클라우드는 최소한의 수고와 비용으로 도입과 운용을 실현할 수 있다.

Chapter
6

데이터베이스가 위치하는 장소

>> 자체적으로 데이터베이스 서버를 관리할 때의 주의점

온프레미스에서 주의해야 하는 것 \\\

온프레미스 방식으로 운용하는 경우에는 시스템의 도입이나 운용을 모두 자체적으로 수행해야 합니다. 그렇기 때문에 7-1절과 같은 물리적 위협에 대비하기 위한 주의 사항은 다음과 같습니다(그림 6-3).

(1) 정전에 대비한다

전원이 끊어져 버리면 시스템은 완전히 정지되어 버립니다. 따라서 정전에 대비해 무정전 전원장치(UPS)나 비상용 자가발전 장치 등을 검토해야 합니다.

(2) 외부로부터의 공격에 대비한다

사용하고 있는 OS나 소프트웨어의 취약성을 이용하여 **바이러스**를 이용하여 부정하게 접근하거나 공격하는 경우가 있습니다. 수시로 최신의 수정 프로그램이나 패치(patch)를 적용하거나 바이러스 소프트웨어의 도입을 검토해야 합니다.

(3) 비용을 견적하다

온프레미스의 경우는 시스템 도입이나 운용을 모두 자체적으로 수행하기 때문에, 다방면에 걸쳐 **비용**이 듭니다. 예를 들면 서버나 소프트웨어, 라이선스의 구입 비용이나 운용을 하는 기술자의 채용, 보안 대책 관련 비용이나 전기세, 기기가 고장나거나 낡았을 때의 교환비용 등을 미리 정리해 둘 필요가 있습니다.

그림 6-3 온프레미스에서의 리스크(Risk)와 대책 예시

비상시를 위해
전력공급 대책을 마련한다.

정전으로 시스템이 멈춘다

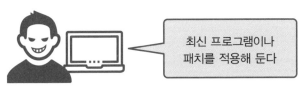

최신 프로그램이나
패치를 적용해 둔다

외부로부터 부정한 공격

비용을
미리 정리해 둔다

비용이 다방면에 걸쳐 발생

Chapter
6

자체적으로 데이터베이스 서버를 관리할 때의 주의점

Point

✔ 온프레미스의 경우에는 시스템 도입이나 운용을 모두 자체적으로 수행해야 하기 때문에 다양한 리스크(Risk)를 상정하여 대책을 세울 필요가 있다.

✔ 시스템을 운용하면서 발생할 수 있는 리스크로는 정전이나 재해, 외부로부터의 공격, 도난 등이 있다.

≫ 데이터베이스 운용에 드는 비용

초기비용과 유지비용

데이터베이스에 드는 비용에는 크게 나누어 **이니셜 코스트**(initial cost)와 **러닝 코스트**(running cost)가 있습니다(그림 6-4).

이니셜 코스트는 초기 비용으로 데이터베이스를 도입할 때 드는 비용입니다. 설비 구입 비용이나 상용 데이터베이스나 클라우드 서비스를 이용할 때 처음에 지불해야 하는 비용이 이에 해당합니다.

러닝 코스트는 데이터베이스 도입 후 매월 소요되는 비용입니다. 온프레미스라면 전기세, 상용 데이터베이스나 클라우드 서비스라면 사업자에게 매월 지불하는 이용료나 유지보수에 드는 인건비 등이 이에 해당합니다.

이니셜 코스트가 저렴하다는 이유로 데이터베이스의 종류와 운용 방식을 판단해 버리면 나중에 러닝 코스트가 늘어나 결과적으로 처음에 생각했던 것보다 비싸질 수도 있으므로 주의해야 합니다.

데이터베이스에 드는 여러 가지 비용 사례

데이터베이스는 운용 방법이나 종류에 따라 드는 비용이 다양하기 때문에 일률적으로 말할 수는 없지만, 여기서는 자주 발생하는 비용을 예시로 소개합니다(그림 6-5).

◆ **온프레미스의 경우**

이니셜 코스트로 서버와 랙(rack) 등 설비 구입 비용과 러닝 코스트로 전기료와 인건비 등이 듭니다. 보안 및 장애 대책을 위한 비용이 필요하게 될 수도 있습니다.

◆ **클라우드 서비스를 이용하는 경우**

초기비용과 매월 고정된 이용료가 드는 서비스 외에 시간 단위로 사용한 만큼 과금되는 종량제 과금 방식의 서비스도 있습니다.

◆ **상용 데이터베이스를 사용하는 경우**

라이선스 비용이나 지원 비용으로 청구되는 것이 많아 데이터베이스의 규모나 사용자 수, 옵션에 따라 가격이나 청구 시기는 다양합니다.

그림6-4　이니셜 코스트와 러닝 코스트

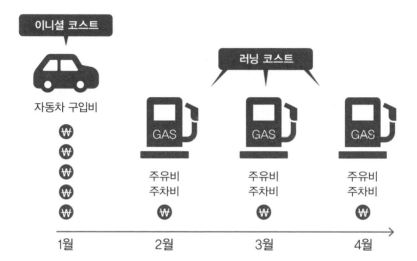

이니셜 코스트

러닝 코스트

자동차 구입비

주유비
주차비

주유비
주차비

주유비
주차비

1월　　　　2월　　　　3월　　　　4월

그림6-5　데이터베이스에 드는 비용 예시

설비 구입 비용

상용 데이터베이스의
라이선스·지원 비용

전기
전기료

유지보수 인건비

청구서
클라우드 서비스 이용료

Point

✔ 이니셜 코스트는 처음에 데이터베이스를 도입할 때 드는 비용이며, 러닝 코스트는 데이터베이스 도입 후 매월 드는 비용

✔ 이니셜 코스트만으로 결정하게 되면 나중에 러닝 코스트가 늘어나면서 처음에 생각했던 것보다 비싸질 수도 있으므로 주의

≫ 사용자에 따라 접속가능 범위를 바꾼다

사용자와 권한을 설정한다

데이터베이스에서는, **사용자**를 생성하고 그 사용자가 데이터베이스에 대해 어떠한 조작을 할 수 있게 할 것인가라는 **권한**을 부여할 수 있는 기능이 있습니다(그림 6-6).

권한에는 데이터베이스의 생성·삭제, 테이블의 생성·편집·삭제, 레코드의 추가·편집·삭제 이외에 데이터베이스 전체에 관련되는 시스템 조작 권한 등 여러 가지 종류가 있습니다. 이러한 권한은 데이터베이스별, 테이블별, 컬럼별과 같이 범위를 지정할 수도 있습니다.

이 기능에 의해서 데이터베이스에 관계되는 멤버에 대해 불필요한 조작을 할 수 없게 할 수 있습니다. 만약 데이터베이스에 관계되는 멤버 전원에게 모든 권한을 개방하고 어떠한 조작이라도 할 수 있는 상태가 되는 경우, 내용을 잘 모르는 멤버가 실수로 중요한 데이터를 지워버리거나 예상하지 못했던 멤버에게 기밀 데이터를 보여주게 되는 우려가 있습니다. 적절하게 권한을 설정해야 데이터베이스를 안전하게 관리할 수 있게 됩니다.

권한을 설정하는 예시

예를 들어 지점장, 사원, 아르바이트와 같은 사용자가 가게의 데이터베이스를 관리하고 있는 경우에 권한 설정 예가 그림 6-7입니다. 이 예에서 지점장은 모든 작업을 할 수 있지만, 사원은 테이블에 레코드 추가를 할 수 없으며 종업원 목록 테이블에 대해서는 조작 권한이 없습니다. 아르바이트생은 상품 테이블과 구매내역 테이블 정보만 볼 수 있습니다.

이와 같이 각 사용자가 업무를 수행하는데 필요한 조작 이외에는 실행할 수 없도록 함으로써 부주의한 사고를 예방할 수 있게 됩니다.

그림 6-6	사용자마다 권한을 설정

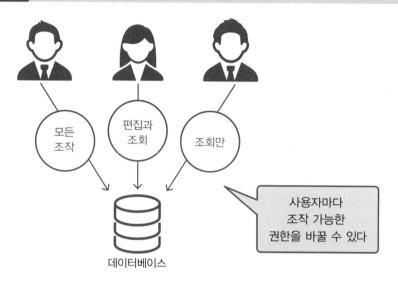

데이터베이스

사용자마다
조작 가능한
권한을 바꿀 수 있다

그림 6-7	가게의 데이터베이스에 대한 권한 설정 예시

	지점장	사원	아르바이트
상품 테이블	추가 · 편집 · 조회	편집 · 조회	조회
구매이력 테이블	추가 · 편집 · 조회	편집 · 조회	조회
매상집계 테이블	추가 · 편집 · 조회	편집 · 조회	–
종업원 목록 테이블	추가 · 편집 · 조회	–	–

Point

✔ 사용자 별로 데이터베이스 조작 권한을 부여할 수 있다.

✔ 각 사용자가 필요한 조작 이외에는 실행할 수 없도록 함으로써 부주의한 사고를 막을
수 있다.

≫ 데이터베이스를 감시하다

데이터베이스를 감시하다 //

데이터베이스에 이상이 발생하거나 동작이 정지되면 데이터베이스를 사용하고 있는 업무나 서비스를 정지시켜야 합니다. 평소에 데이터베이스를 감시하고 있으면 문제가 발생한 것을 재빠르게 알 수 있으며 신속하게 대응할 수 있게 됩니다. 또한 데이터베이스를 감시하면 트러블(trouble) 징후도 조기에 발견할 수 있어 문제가 발생하기 전에 유지관리를 할 수도 있습니다(그림 6-8).

데이터베이스를 감시하는 방법으로는 데이터베이스 관리 시스템에 기본으로 준비되어 있는 기능을 사용하는 것 외에 시중에 판매되고 있는 감시 도구를 도입하는 방법이나 자체적으로 만드는 방법을 생각할 수 있습니다.

다양한 감시 대상항목 //

데이터베이스의 감시 대상항목에 대한 예시는 다음과 같습니다(그림 6-9).

데이터베이스 조작 이력

데이터베이스 관리자가 언제 어떤 조작을 했는지 기록해 둡니다. 문제가 발생했을 때에는 내부에서 데이터베이스에 대한 부정한 조작이 없었는지 확인할 수 있습니다.

쿼리 로그(query log)

데이터베이스에서 수행된 SQL의 이력 로그입니다. 이것을 남겨둠으로써 장애 대응 등에 이용할 수 있습니다. 데이터베이스 관리 시스템에 의해 실행하는데 시간이 걸리는 SQL을 출력하는 슬로우 로그(slow log)와 발생한 오류를 출력하는 에러 로그(error log) 등도 있습니다.

서버 자원

데이터베이스가 위치한 서버에 문제가 발생할 수도 있습니다. CPU나 메모리, 네트워크 대역, 디스크의 빈 용량 등 자원에 이상이 없는지 체크해 둡니다.

그림6-8 데이터베이스 감시

데이터베이스를 감시함으로써
문제를 빠르게 파악할 수 있다

관리자

감시
도구

데이터베이스

그림6-9 데이터베이스 감시 대상항목 예시

Chapter
6

데이터베이스를 감시하다

데이터베이스를 조작한 이력

- A씨가 OO 설정을 변경
- B씨가 데이터베이스에 접속
- B씨가 데이터베이스를 재기동
- C씨가 데이터베이스의 백업 데이터를 취득

쿼리 로그

```
SELECT * FROM items WHERE status = 2;
UPDATE items SET price = 300 WHERE id = 5;
SELECT COUNT(*) FROM users;
SELECT * FROM users WHERE status = 1;
```

데이터베이스

서버의 리소스

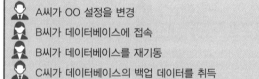

CPU   메모리   디스크 용량

Point

✔ 데이터베이스를 감시함으로써 트러블(trouble)의 발생을 빠르게 알 수 있으며, 신속하게 대응할 수 있다.

✔ 데이터베이스 감시는 기본 기능이나, 시판되고 있는 감시 도구 등을 이용한다.

» 정기적으로 현재의 데이터를 기록해 두다

데이터 파손에 대비하여 백업한다 //

데이터베이스는 항상 데이터 파손의 위험에 직면하고 있습니다. 예를 들어 조작하는 로직(logic)에 존재하는 버그(bug)로 인하여 데이터에 모순이 생기거나, 조작 실수로 데이터가 사라져 버리는 경우가 있습니다. 또한 물리적으로 기기가 손상되어 버리면 안의 데이터를 복구할 수 없게 되어 버립니다. 이러한 경우에 대비하여 데이터를 복제해 두는 것을 **백업**이라고 하며 만일에 데이터가 파손되어도 백업 파일에서 데이터를 복구할 수 있습니다(그림 6-10).

백업 방식 분류 ///

백업은 다음과 같은 방식이 있습니다(그림 6-11).

풀 백업(Full Backup)

모든 데이터를 백업받는 방법으로 해당 시점의 데이터를 나중에 완전히 복구할 수 있습니다. 단, 많은 양의 데이터를 취득하기 때문에 처리에 시간이 걸리거나 시스템에 부하가 걸리기 때문에 백업 빈도가 많은 경우에는 적합하지 않습니다.

차분 백업(Differential Backup)

풀 백업 후 추가된 변경 부분을 백업하는 방법입니다. 데이터 복구 시에는 첫 번째 풀 백업과 최신 차분 백업의 두 가지 파일을 사용하여 복구합니다. 변경된 부분만큼 백업 처리 시간이 짧아 시스템에 부담이 적습니다.

증분 백업 (Incremental Backup)

풀 백업 후의 변경 분을 백업하는 방식으로 차분 백업과 비슷하지만 백업을 할 때는 이전에 백업한 이후에 변경 부분만 백업하는 방식입니다. 시스템에 부담을 주지 않지만 데이터 복구 시 지금까지의 모든 파일이 필요하기 때문에 하나라도 파일이 빠져 있으면 복구할 수 없습니다.

그림 6-10 **백업의 역할**

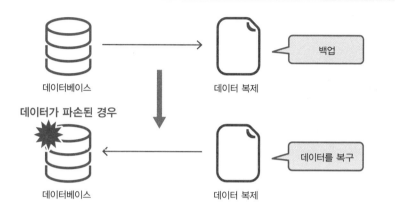

그림 6-11 **백업 방식의 분류**

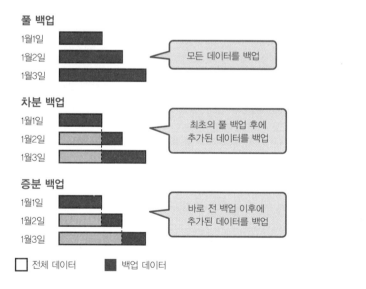

Point

✔ 데이터 파손에 대비해서 데이터 복제본을 생성해 두는 것을 백업이라고 한다.

✔ 백업 방식에는 풀 백업, 차분 백업, 증분 백업 등의 종류가 있다.

>> 데이터를 이행한다

같은 내용의 데이터베이스를 생성한다

데이터베이스의 내용을 출력하는 것을 **덤프(dump)**라고 부릅니다. 덤프를 수행하면 데이터베이스의 내용을 반영한 덤프 파일을 생성할 수 있습니다. 이 파일을 사용해 다른 데이터베이스에 **리스토어(restore)**라는 작업을 실행함으로써, 덤프를 가져온 데이터베이스와 동일한 내용의 데이터베이스를 생성할 수 있습니다(그림 6-12).

이 기능을 이용하면 테스트 환경이나 개발 환경용으로 동일한 데이터베이스를 생성하거나, 오래된 데이터베이스에서 새로운 데이터베이스로 데이터를 이행하거나, 백업으로 데이터를 취득해 둘 수 있습니다.

덤프 파일 내용물

덤프 파일의 내용은 그림 6-13과 같이 데이터베이스의 내용이 반영된 SQL을 나열한 것으로 되어 있습니다. 예를 들어 테이블을 생성하는 'CREATE TABLE'이나 레코드를 생성하는 'INSERT INTO'와 같은 명령어가 나열되어 있는데, 이대로 명령어를 실행하면 덤프를 취득한 데이터베이스 내용과 동일한 데이터베이스를 만들 수 있습니다.

그렇기 때문에, 예를 들면 테스트를 위해 운영 환경과 동일한 데이터베이스를 생성해야 하는 경우, 덤프 파일을 편집하여 기밀 정보 등 테스트 데이터에 포함시키고 싶지 않은 데이터는 다른 데이터로 대체하거나 삭제하고 리스토어(restore)할 수도 있습니다.

덤프를 실시하는 명령어

덤프는 데이터베이스 관리 시스템에서 표준 기능으로 사용할 수 있는 경우가 많습니다. MySQL의 경우에는 "mysqldump", PostgreSQL의 경우에는 "pg_dump"라는 명령을 사용하여 실행할 수 있습니다. 데이터가 많을 경우 실행이 지연될 수 있습니다.

그림 6-12 덤프와 리스토어를 사용해서 동일한 내용의 데이터베이스를 생성

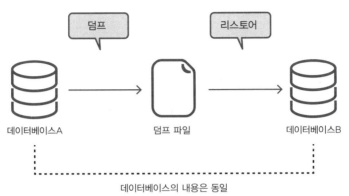

그림 6-13 덤프 파일 예시

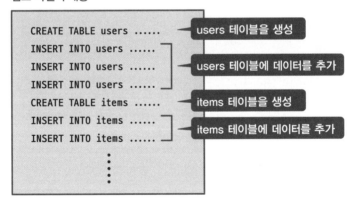

Chapter

6

데이터를 이행한다

Point
✔ 데이터베이스의 내용을 파일로 출력하는 것을 덤프(dump), 덤프 파일에서 데이터를 복원하는 것을 리스토어(restore)라고 부른다.
✔ 동일한 데이터베이스를 생성하거나, 데이터를 이행하거나, 백업으로서 데이터를 취득해 두거나 할 수 있다.

» 기밀 데이터를 변환하여 보존한다

정보 유출을 막는 암호화

외부에서의 부정한 접속이나 내부의 부정행위, 도난이나 분실에 의해 데이터베이스 내부의 기밀정보가 유출되어 버리는 사고가 종종 화제가 되고 있는데, 정보 누설을 막기 위해 필요한 대책 중 하나로서 데이터베이스의 정보를 **암호화**하는 것을 들 수 있습니다. 암호화는 데이터를 다른 사람이 읽을 수 없는 정보로 변환하는 기술입니다. 예를 들면「서울시 서초구」라는 주소 데이터를 암호화하여 그대로는 의미를 모르는 데이터로 변환해 저장하면, 외부로 보여지게 되더라도 내용을 읽을 수 없게 됩니다(그림 6-14). 암호화된 데이터는 특별한 처리를 통해 원래대로 되돌리는데, 이를 **복호화**라고 합니다.

다양한 암호화 방식

데이터를 저장할 때 암호화를 실시하는 타이밍에 따라 다음과 같은 방식이 있습니다(그림 6-15). 각각 대응할 수 있는 대책의 범위나 구현 방법이 다릅니다.

(1) 애플리케이션에서 암호화

데이터를 저장하기 전 애플리케이션으로 암호화 후 저장하는 방법입니다. 데이터베이스에는 암호화된 상태로 데이터가 저장되기 때문에 데이터를 취득한 경우에도 암호화된 상태로 취득하게 되어 애플리케이션에서 복호화를 수행합니다.

(2) 데이터베이스 기능에 의한 암호화

많은 데이터베이스 관리 시스템에는 암호화 기능이 있습니다. 관리 시스템에서 데이터를 저장·취득 시에 암호화나 복호화 처리를 실시하기 때문에 애플리케이션에서는 암호화 여부를 의식할 필요가 없어서 편리합니다.

(3) 스토리지 기능을 통한 암호화

데이터를 저장하고 있는 스토리지 기기나 OS의 기능을 사용하는 방법으로 스토리지에 데이터를 저장할 때 자동적으로 암호화됩니다.

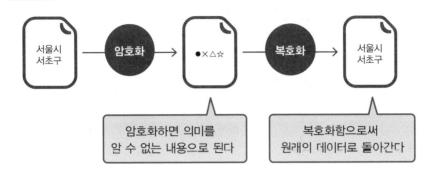

그림 6-14 암호화와 복호화

서울시
서초구 → 암호화 → ●×△☆ → 복호화 → 서울시
서초구

암호화하면 의미를
알 수 없는 내용으로 된다

복호화함으로써
원래의 데이터로 돌아간다

그림 6-15 3개의 암호화 타이밍

애플리케이션에서 암호화

데이터베이스에서 암호화

스토리지에서 암호화

데이터 →

애플리케이션

데이터베이스

스토리지

Point

✔ 어떤 데이터를 다른 사람이 읽을 수 없는 정보로 변환하는 기술을 암호화, 암호화된 데
이터를 원래대로 되돌리는 처리를 복호화라고 한다.

✔ 데이터베이스 암호화 방식에는 애플리케이션에서 수행하는 방법, 데이터베이스 기능을
이용하는 방법, 스토리지 기능을 이용하는 방법이 있다.

≫ OS와 소프트웨어의 버전을 올린다

버전을 올려야 하는 필요성 //

데이터베이스 관리 시스템이나 OS, 데이터베이스에서 사용하는 연관 소프트웨어는 나날이 개선되어 진화하고 있습니다. **버전 업(version up)**을 통해 보안 강화나 성능 향상이 예상되기 때문에 중요한 갱신이 포함되어 있기도 합니다.

OS나 소프트웨어를 갱신하지 않고 오래된 이전 버전 상태로 두면, 최신 기능을 사용할 수 없으며, 다른 소프트웨어와 연계를 할 수 없게 되거나, 충분한 지원을 받지 못해서 트러블이 발생했을 때 대처가 어려워집니다. 또한 기기가 오래되어 현재의 시스템 요건을 반영할 수 없게 된 경우에는 데이터베이스를 도입하고 있는 서버 자체를 새것으로 교체할 필요가 생길 수도 있습니다.

시스템을 안전하게 그리고 쾌적하게 이용하기 위해 적절한 버전으로 되어 있는지 매일 살펴볼 필요가 있습니다(그림 6-16).

버전 업(version up)의 흐름 //

그림 6-17은 버전을 올릴 때의 대략적인 순서 관련 예시입니다. 버전 업 후에 문제가 발생해 원래대로 되돌릴 필요가 생겼을 경우에 대비해 1이나 2에서는 원래의 환경 정보나 데이터를 미리 기록하고 있습니다.

이 외에도 필요에 따라서는 미리 동일한 환경을 준비하여 버전 업 절차를 확인해 두거나, 버전 업 이후에도 정상적으로 동작되는지 여부를 확인해 둠으로써 확실하게 작업을 진행시켜 나갈 수 있습니다.

또한 버전 업 이후에 동작을 확인할 때는 실행 중에 있는 SQL이 오류가 나지 않았는지, SQL 처리에 시간이 걸리지 않았는지, 로그 및 서버 리소스에 문제가 있지는 않은지 등에 주의합니다.

그림 6-16 최신 버전으로 올려둔다

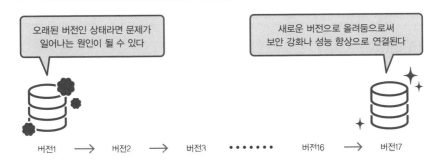

오래된 버전인 상태라면 문제가
일어나는 원인이 될 수 있다

새로운 버전으로 올려둠으로써
보안 강화나 성능 향상으로 연결된다

버전1 ⟶ 버전2 ⟶ 버전3 ⋯⋯⋯ 버전16 ⟶ 버전17

그림 6-17 버전 업 순서

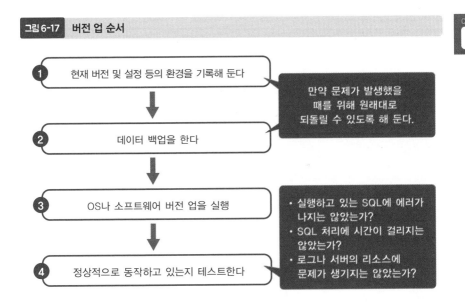

1 현재 버전 및 설정 등의 환경을 기록해 둔다

만약 문제가 발생했을
때를 위해 원래대로
되돌릴 수 있도록 해 둔다.

2 데이터 백업을 한다

3 OS나 소프트웨어 버전 업을 실행

• 실행하고 있는 SQL에 에러가
나지는 않았는가?
• SQL 처리에 시간이 걸리지는
않았는가?
• 로그나 서버의 리소스에
문제가 생기지는 않았는가?

4 정상적으로 동작하고 있는지 테스트한다

Point

✔ 보안 강화나 성능 향상이 예상되기 때문에 데이터베이스 관리 시스템과 OS 버전 업에
유의한다.
✔ 버전 업 시에는 트러블에 대비하여 백업을 만들어두거나 정상적으로 동작하는지 확인
한다.

데이터베이스 서비스를 알아봅시다

데이터베이스를 운용할 때 어떤 서비스가 있는지 한번 알아보도록 합시다. 각각의 서비스에 대한 데이터베이스 종류, 요금 형태, 어떤 기능을 갖추고 있는지 확인해 봅시다.

서비스명:

데이터베이스의 종류, 요금 형태, 대응하는 기능:

◆

◆

서비스명:

데이터베이스의 종류, 요금 형태, 대응하는 기능:

◆

◆

서비스명:

데이터베이스의 종류, 요금 형태, 대응하는 기능:

◆

◆

데이터베이스를 운용하기 위한 서비스는 많지만 서비스에 따라 취급하고 있는 데이터베이스 관리 시스템의 종류는 다양합니다. 요금 형태는 월 과금이나 종량제 과금이 있으므로 적절한 서비스를 선택함으로써 비용을 줄일 수 있습니다. 또한 백업이나 감시 등 보안에 관한 기능이 미리 갖춰져 있는 것도 있기 때문에 데이터베이스와 관련된 기능도 서비스를 선택할 때의 검토사항 중 하나입니다.

Chapter 7

데이터베이스를
지키기 위한 지식

트러블(Trouble)과 보안(Security) 대책

Database

≫ 시스템에 악영향을 끼치는 문제 ①
– 물리적 위협 사례와 대책

물리적 위기로 고장을 일으킬 위험 〉〉〉〉〉〉〉〉〉〉〉〉〉〉〉〉〉〉〉〉〉〉〉〉〉〉〉〉〉〉〉〉〉〉〉〉

시스템에 문제를 일으키는 원인 중에 하나로 **물리적 위협**이 있습니다. 물리적 위협은
물리적으로 손실을 야기하는 요인을 말합니다.

구체적으로는 6-2에서 설명한 바와 같이 지진이나 홍수, 낙뢰 등의 자연재해, 불법
침입에 의해 기기가 도난당하거나 파손되는 위험(Risk)이나 장비의 노후화로 인하여
기기가 고장 나는 위험(Risk)이 물리적 위협으로 분류됩니다(그림 7-1).

물리적 위협의 사례 〉〉〉

물리적 위협의 사례를 몇 가지 설명하겠습니다(그림 7-2).

(1) 자연재해

지진이나 홍수로 인하여 장비가 넘어지거나 물에 잠겨버려서 망가질 위험이 있습니
다. 또한 낙뢰로 인하여 전원이 끊겨 버리는 문제가 발생할 우려도 있습니다. 뒤집히
거나 낙하하는 것을 방지하는 등의 내진 대책이나 비상시를 대비하여 원격지에 백업
을 마련해 두고, 정전이나 순간 정전에 대비해 UPS(무정전 전원장치)나 자가발전장
치를 마련하는 등 대응이 요구됩니다.

(2) 도난

불법 침입으로 인해 기기를 도난당하거나 파손될 위험이 있기 때문에 기기가 놓여 있
는 방이나 랙(Rack)의 잠금장치, 입 · 퇴실 관리와 같은 방범 대책이 필요합니다.

(3) 기기의 노후화

오랜 기간 사용하고 있는 기기는 장비의 노후화로 인하여 이상 동작을 일으킬 가능성
이 있습니다. 갑자기 발생하는 고장에 대비하여 데이터를 백업해 두거나 예비 장치
를 설치하여 이중화로 운용하는 방법이 있습니다.

그림 7- **물리적 위험이란 무엇인가**

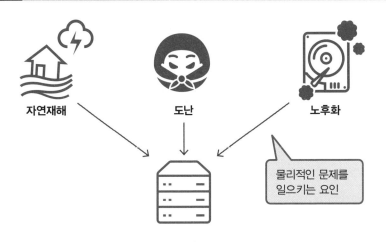

자연재해　　　**도난**　　　**노후화**

물리적인 문제를
일으키는 요인

그림 7- **물리적 위협 사례 및 대책 예시**

Chapter

7

시스템에 악영향을 끼치는 문제 ① – 물리적 위협 사례와 대책

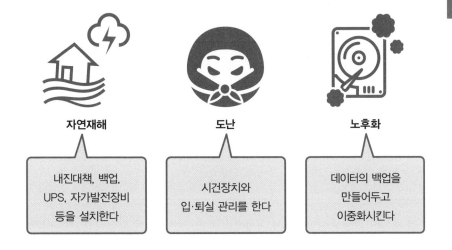

자연재해　　　**도난**　　　**노후화**

| 내진대책, 백업,
UPS, 자가발전장비
등을 설치한다 | 시건장치와
입·퇴실 관리를 한다 | 데이터의 백업을
만들어두고
이중화시킨다 |

Point

✔ 물리적으로 손실을 일으키는 요인을 물리적 위협이라고 한다.

✔ 물리적 위협의 예로는 자연재해에 의한 기기 파손이나 장애, 불법 침입에 의한 기기 도
난, 노후화로 인한 기기 고장 등이 있다.

≫ 시스템에 악영향을 끼치는 문제 ②
– 기술적 위협 사례와 대책

프로그램의 취약점을 이용한 공격

기술적 위협은 시스템에 문제를 일으키는 요인 중 프로그램이나 네트워크를 통해 이루어지는 공격을 말합니다(그림 7–3). 부정한 접속이나 컴퓨터 바이러스, DoS 공격, 도청 등이 있으며 프로그램의 취약점을 이용하여 공격하는 경우가 많고 데이터베이스 사례에서는 SQL 인젝션(injection, 7–10절 참조)이 자주 거론됩니다.

대응책으로는 바이러스 소프트웨어 도입, OS나 소프트웨어 버전 업그레이드, 접속 제어나 인증 설정, 데이터 암호화 등의 대책을 검토할 필요가 있습니다.

기술적 위협 사례

기술적 위협 사례를 몇 가지 설명하겠습니다(그림 7–4).

(1) 부정한 접속

접근할 권한이 없는 사람이 네트워크를 통해 부정하게 서버나 시스템에 침입하는 행위를 말합니다.

(2) 컴퓨터 바이러스

어떠한 피해를 주려고 악의적으로 만들어진 프로그램입니다. 바이러스에 걸리면 정보의 도난이나 컴퓨터가 오동작을 일으키거나 서버가 점령되거나 하는 우려가 있으므로 주의가 필요합니다.

(3) DoS 공격

대량으로 데이터를 송신함으로써 서버에 부하를 주는 공격을 말합니다. 접속이 집중되어 사이트로 연결되지 않을 수 있는데, 이런 상황을 의도적으로 만들어내어 공격하는 방법입니다.

(4) 도청

네트워크에 흘러 다니는 정보를 부정하게 훔쳐낼 수 있는 도청은 정보 누설로 연결될 우려가 있습니다.

그림 7-3	기술적 위협이란 무엇인가?

그림 7-4	기술적 위협의 예시

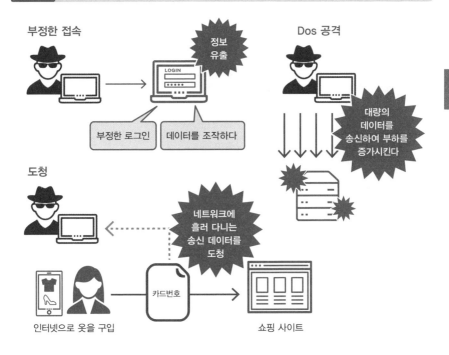

Point

✔ 시스템에 문제를 일으키는 요인 중 프로그램이나 네트워크를 통해 이루어지는 공격을 기술적 위협이라고 한다.

✔ 기술적 위협의 예로는 부정한 접속이나 컴퓨터 바이러스, DoS 공격, 도청 등이 있다.

>> 시스템에 악영향을 끼치는 문제 ③
– 인적 위협의 사례와 대책

사람에 의한 실수는 막기 어렵다 //

인간에 의한 실수나 부정행위로 인하여 손실을 일으키는 요인을 **인적 위협**이라고 부릅니다(그림 7-5). 구체적으로는 오조작, 분실·두고 내리기, 소셜 엔지니어링 (social engineering) 등이 있습니다. 특히 조직에 있어서는 인적 위협이 많으며, 막기 어려운 위협이기도 합니다. 각 개인이 위협의 내용을 이해하고 방지하거나 조직에서 정보보안에 대한 규칙을 정하고 철저히 교육할 필요가 있습니다.

인적 위협 사례 //

인적 위협의 사례를 몇 가지 설명하겠습니다(그림 7-6).

(1) 오조작

지식이나 확인이 부족하여 조작을 잘못해 버리는 일이 있습니다. 예를 들면 외부의 수신처에 사내의 기밀 정보를 보내거나, 중요한 정보를 삭제하거나, 소프트웨어 설정을 잘못하여 예상 밖의 동작을 일으키는 일이 있습니다.

(2) 분실, 두고 내리기

전철이나 버스에 노트북 등 정보 단말기가 들어간 가방을 두고 잊어버렸을 때 악의를 가진 사람이 줍게 되면 정보 누설로 연결됩니다.

(3) 소셜 엔지니어링

사람의 심리나 행동의 틈을 타서 중요한 정보를 입수하는 수단을 소셜 엔지니어링 (social engineering)이라고 부릅니다.

예를 들면, 전화로 관계자인척 위장하여 패스워드를 물어보거나 긴급사태를 가장해 상대에게 생각할 여유를 주지 않고 통상적으로는 얻을 수 없는 정보를 얻어내는 수법이 있습니다. 사람의 등 뒤에서 비밀번호를 입력하는 것을 들여다보거나 쓰레기통에 버려진 자료를 뒤져 시스템 정보를 빼내는 수법도 있습니다.

그림 7-5 | 인적 위협이란 무엇인가

부정행위

실수

인간의 행동으로 인해
손실을 불러오는 요인

그림 7-6 | 인적 위협의 예시

오조작

ERROR

분실·두고 내리기

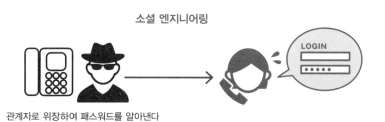

소셜 엔지니어링

LOGIN

관계자로 위장하여 패스워드를 알아낸다

Point

✔ 사람에 의한 실수나 부정행위로 손실을 일으키는 요인을 인적 위협이라고 한다.

✔ 인적 위협의 예로는 오조작, 분실·두고 내리기, 소셜 엔지니어링(social engineering) 등이 있다.

Chapter

7

시스템에 악영향을 끼치는 문제 ③ – 인적 위협의 사례와 대책

≫ 발생한 에러의 이력

에러의 이력을 확인하다 \\

데이터베이스 관리 시스템에 따라 부르는 이름이나 동작 방식은 다르지만 데이터베이스에서 발생한 에러의 이력을 보는 방법 중에 **에러 로그**를 확인하는 방법이 있습니다.

에러 로그는 에러 문장이 기록된 파일로, 데이터베이스에서 에러가 일어날 때마다 하나씩 새롭게 추가됩니다(그림 7-7). 그렇기 때문에 최근에 발생한 에러 이외에도 시계열적으로 과거의 에러 내용을 확인할 수도 있습니다.

데이터베이스를 운용하면서 발생한 중요한 경고나 이상 상황을 전달하는 메시지가 기록되기 때문에 평소 데이터베이스의 상태를 감시하는 정보로서 중요합니다. 또한 어떠한 문제가 발생했을 때 문제를 해결하기 위한 단서가 되며, 사용자를 지원하기 위한 질의응답 시에도 에러 메시지는 중요한 정보가 됩니다.

에러 로그 예시 \\\

에러 로그의 출력 예는 7-8과 같습니다. 에러 로그에 출력되는 정보로는 에러가 발생한 날짜, 에러 코드, 에러 메시지, 에러 레벨 등이 있습니다. 그림에서는 알기 쉽게 한국어로 쓰여 있지만 대부분의 경우 영어로 출력됩니다.

에러 레벨은 에러의 긴급도 레벨(level)입니다. 에러에도 중대한 에러와 지금 당장 대응할 필요는 없지만 주의해야 할 정보 등이 있습니다. 데이터베이스 관리 시스템에 따라서는 이들을 구별할 수 있도록 각각의 에러에 라벨(label)이 붙어 있습니다.

로그는 경우에 따라서 방대한 양이 될 수도 있기 때문에 육안으로 항상 모든 것을 확인하기는 어렵습니다. 그래서 감시 도구(tool)를 사용하거나 프로그램을 사용해서 문제가 생겼을 때 메일이나 채팅 도구(tool) 등으로 통지하는 방법이 사용되는 경우가 많습니다.

그림7-7	에러가 발생할 때마다 기록된다

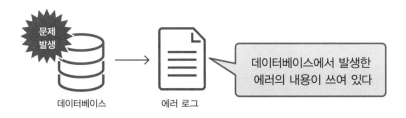

데이터베이스에서 발생한
에러의 내용이 쓰여 있다

데이터베이스　　　에러 로그

그림7-8	에러 로그의 출력 사례

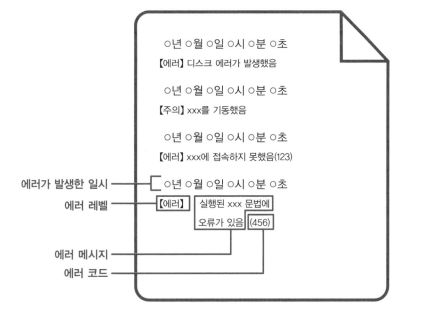

○년 ○월 ○일 ○시 ○분 ○초
【에러】 디스크 에러가 발생했음

○년 ○월 ○일 ○시 ○분 ○초
【주의】 xxx를 기동했음

○년 ○월 ○일 ○시 ○분 ○초
【에러】 xxx에 접속하지 못했음(123)

에러가 발생한 일시 ── ○년 ○월 ○일 ○시 ○분 ○초
에러 레벨 ── 【에러】 실행된 xxx 문법에
오류가 있음 (456)

에러 메시지 ──
에러 코드 ──

Point
✔ 데이터베이스에서 발생한 에러 기록을 확인하는 방법으로 에러 로그(Error log)가 있다.
✔ 에러 로그에는 에러가 발생한 일시, 에러 코드, 에러 메시지, 에러 레벨 등이 출력된다.

» 에러의 종류와 대책

여러 가지 에러의 종류

데이터베이스에는 여러 가지 에러의 종류가 있는데, 대표적인 것으로 SQL **문법 에러**가 있습니다. 데이터베이스에서 실행되는 SQL에 오타가 있으면 에러가 발생합니다. 존재하지 않는 테이블명이나 컬럼명을 지정한 경우에도 마찬가지입니다.

다음은 **자원(resource) 부족**이 일어나는 사례도 자주 들 수 있습니다. 메모리나 디스크 용량이 부족하면 기대한 처리가 잘 되지 않아 에러가 나 버립니다.

그 밖에도, 데이터베이스와 접속할 수 없는 데드락(dead lock, 4-17절 참조) 발생, 타임아웃 등 여러 가지 에러가 있습니다(그림 7-9).

에러의 해결 방법

데이터베이스 운용에 지장이 생기지 않게 하기 위해서, 에러가 발생한 경우에는 에러 로그 또는 감시하고 있는 정보 등을 살펴보면서 대응할 필요가 있습니다. 에러 메시지에는 해결의 단서가 되는 정보가 나와 있는 경우가 많기 때문에 영어로 쓰인 에러 메시지는 번역을 합니다. 그렇게 한 결과 발견된 내용이 디스크 용량이 부족하다는 메시지일 경우에는 디스크에 빈 공간이 만들어지도록 필요없는 파일을 삭제하거나 디스크 용량을 늘리거나 합니다. 또한 SQL 문법 오류인 경우에는 그 SQL을 실행하고 있는 프로그램을 찾아서 해당 부분을 수정하는 방식입니다.

나머지는 인터넷으로 에러 메시지를 검색하면, 같은 내용으로 고민했던 사람에 의해 대책 방법이 나와 있는 경우도 있습니다. 그 밖에도 책이나 공식 자료(document)로 조사를 하거나 팀 내에서 과거에 같은 사례가 있었을 경우는 그때의 대응 방법을 참고합니다(그림 7-10).

그림 7-9	에러의 종류

SQL 문법 오류

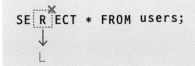

데이터베이스에 접속할 수 없음

리소스 부족

데드락(dead lock)이나
타임아웃(time out)

그림 7-10	에러를 해결하는 수단

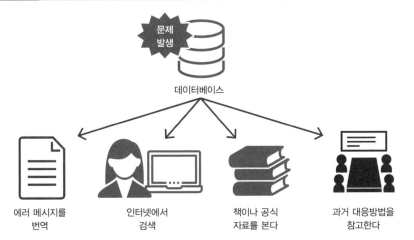

에러 메시지를
번역

인터넷에서
검색

책이나 공식
자료를 본다

과거 대응방법을
참고한다

Chapter

7

에러의 종류와 대책

Point

✔ 데이터베이스에서 일어나는 에러에는 SQL 문법 에러, 자원(resource error) 부족, 접속
(access) 오류, 데드락(dead lock), 타임아웃(time out) 등이 있다.

✔ 오류가 발생했을 때는 에러 메시지를 번역하거나 인터넷이나 책, 공식 자료로 조사하거
나 팀 내 과거 대응 방법을 참고한다.

≫ 실행에 시간이 걸리는 SQL

슬로우 쿼리를 집계한다 \\

데이터베이스에는 대량의 데이터 중에서 빠르게 필요한 정보를 얻을 수 있다는 장점이 있지만 취득 방식이나 테이블 설계, 그리고 데이터 용량이 늘어나면서 시간이 걸리게 될 수도 있습니다. 이와 같이 실행에 시간이 걸리는 SQL 문장을 **슬로우 쿼리**라고 합니다(그림 7-11).

슬로우 쿼리는 SQL을 실행하여 결과가 되돌아올 때까지의 시간을 측정하는 것으로 파악할 수 있지만, 하나하나 확인하는 것은 힘듭니다. 데이터베이스 관리 시스템에 따라서는 슬로우 쿼리와 그 실행 시간을 로그로 출력할 수 있거나 툴(tool)을 사용해 목록으로 표시할 수 있습니다.

슬로우 쿼리가 일으키는 문제 \\

슬로우 쿼리를 그대로 두면 데이터 집계 등을 할 때 시간이 걸리게 되어 데이터베이스를 사용하고 있는 웹 사이트에서 페이지의 표시가 늦어지거나 서버에 부하가 걸리는 원인이 되기도 합니다(그림 7-12). 데이터베이스 이용에 지장이 생긴 경우에는 슬로우 쿼리에 대하여 튜닝(tuning)이 필요합니다.

슬로우 쿼리의 최적화 \\

슬로우 쿼리를 개선하는 방법은 여러 가지가 있는데, 하나는 SQL 문장을 수정하는 방법입니다. 쿼리를 수정하고 취득 방법을 바꿈으로써 보다 빠르게 동일한 결과를 취득할 수 있는 경우도 있습니다. 또한 테이블에 인덱스(7-7절 참조)를 사용하는 것도 유효합니다.

데이터베이스 관리 시스템의 기능을 사용해 슬로우 쿼리를 취득할 때에는 대부분의 경우 지정한 초(second) 이상으로 시간이 걸리는 쿼리를 추출할 수 있도록 설정할 수 있습니다. 현저하게 시간이 걸리는 것부터 최적화하고 서서히 초수를 줄여 나간다면 효율적인 튜닝을 할 수 있습니다.

그림 7-11　실행에 시간이 걸리고 있다

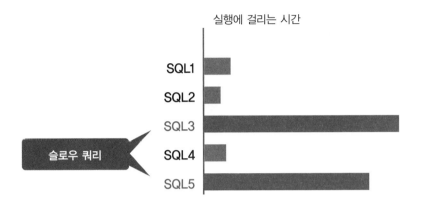

실행에 걸리는 시간

SQL1
SQL2
SQL3
SQL4
SQL5

슬로우 쿼리

그림 7-12　슬로우 쿼리로 인하여 발생하는 문제

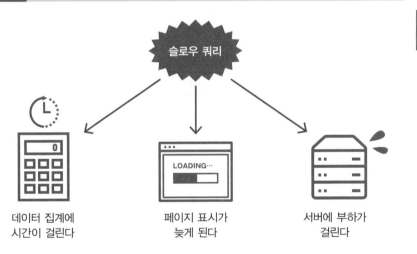

슬로우 쿼리

데이터 집계에
시간이 걸린다

페이지 표시가
늦게 된다

서버에 부하가
걸린다

Chapter

7

실행에 시간이 걸리는 SQL

Point

✔ 실행에 시간이 걸리는 SQL 문장을 슬로우 쿼리라고 부른다.

✔ 슬로우 쿼리는 데이터 집계나 페이지 표시에 시간이 걸리거나 서버에 부하가 걸리게 하는 원인이 된다.

✔ SQL 문장 수정이나 인덱스를 사용하여 슬로우 쿼리를 개선한다.

≫ 데이터 취득 시간을 단축한다

데이터 취득 성능을 높이다 //

데이터베이스에 대량의 데이터가 저장되어 있다면 원하는 데이터를 취득하기까지 시간이 걸릴 수 있습니다. 이러한 경우에는 **인덱스**를 사용함으로써 데이터를 취득하기까지 걸리는 시간을 단축할 수 있습니다.

인덱스의 이미지와 비슷한 것이 책의 색인입니다. 원하는 내용이 적힌 페이지를 찾고 싶을 때 첫 페이지부터 순서대로 찾으면 시간이 걸리지만, 색인을 참조하면 원하는 페이지를 빨리 찾을 수 있습니다(그림 7-13). 데이터베이스의 경우 검색 조건에 자주 이용하는 컬럼에 인덱스를 생성해 두면 데이터를 취득하는 성능을 높일 수 있습니다.

인덱스 이용이 적합한 사례 ///

인덱스는 기본적으로 검색 및 정렬 조건, 테이블 결합에 자주 사용되는 컬럼으로 설정하게 됩니다. 특히 데이터의 양이 많은데 그 안에서 한정된 데이터를 추출하거나, 컬럼에 저장되어 있는 값의 종류가 많을수록 인덱스가 효과적으로 기능합니다. 반대로 데이터량이 적은 경우나 성별과 같이 값의 종류가 적은 컬럼에는 인덱스를 사용해도 별로 효과가 없습니다(그림 7-14).

인덱스의 단점 //

인덱스를 적용하게 되면 데이터를 편집할 때 인덱스에 대한 갱신 처리도 이루어집니다. 그렇기 때문에 데이터 편집 시 속도가 떨어진다는 결점이 있습니다. 많은 양의 데이터를 자주 등록하는 테이블에 인덱스를 적용할 경우에는 주의가 필요합니다.

또한 데이터와는 별도로 인덱스 영역이 필요하기 때문에 디스크 용량을 필요로 한다는 것도 단점으로 들 수 있습니다.

그림 7-13　인덱스 이미지

그림 도감에서 해바라기 페이지를 찾는 경우

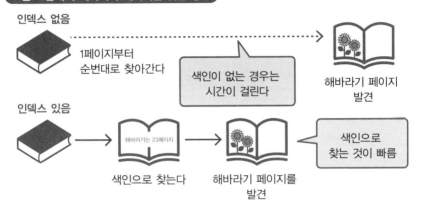

인덱스 없음

1페이지부터
순번대로 찾아간다

색인이 없는 경우는
시간이 걸린다

해바라기 페이지
발견

인덱스 있음

해바라기는 23페이지

색인으로 찾는다

해바라기 페이지를
발견

색인으로
찾는 것이 빠름

그림 7-14　인덱스 이용이 적합한 사례

명령어

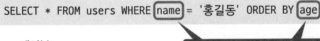

SELECT * FROM users WHERE name = '홍길동' ORDER BY age

users 테이블

검색 및 정렬(sort) 조건 등에 이용되는
컬럼에 인덱스를 설정한다

name	age	gender
홍길동	21	man
임꺽정	36	man
유관순	30	woman
이순신	18	man

데이터가 많을수록 효과적

이름과 같이 값이 많은 컬럼에
설정하면 효과적

성별과 같이 값의 종류가 적은
컬럼은 그다지 효과가 없음

Point

✔ 인덱스를 사용하여 데이터의 취득 시간을 단축할 수 있다.
✔ 데이터의 용량이 많고 값의 종류가 다양한 컬럼에 인덱스를 설정하면 보다 효과적으로
기능한다.
✔ 데이터 편집 시 처리 속도가 느려지거나 디스크 용량을 소비하는 결점이 있다.

≫ 부하를 분산시키다

기계의 성능을 올리는 스케일 업(scale up) ////////////////////////////////

현재의 시스템으로 처리가 진행되지 않게 되었을 때 시스템의 처리 능력을 높이는 수단으로 스케일 업과 스케일 아웃이 있습니다. **스케일 업**은 대상 컴퓨터의 메모리나 디스크, CPU를 증설하거나 보다 고성능 제품으로 대체함으로써 성능 향상을 도모하는 접근방법을 말합니다(그림 7-15). 예를 들어 하나의 데이터베이스 안에서 높은 빈도로 갱신 처리가 발생하는 경우 등 특정 컴퓨터 내에서 처리가 빈번히 일어나는 경우에 유효합니다.

다만 가동 중인 시스템을 한 번 멈출 필요가 있다는 점과 기기의 성능에는 물리적인 한계가 있기 때문에 무한히 스케일 업을 할 수 없다는 문제도 있습니다.

기계 대수를 늘리는 스케일 아웃(scale out) ////////////////////////////////

컴퓨터의 개수를 늘려 처리를 분산함으로써 처리 성능을 올리는 접근법이 **스케일 아웃**입니다(그림 7-16). 스케일 업과 같이 기기의 스펙 상한선에 묶이지 않고 시스템의 성능을 올릴 수 있습니다.

스케일 아웃은, 특히 단순한 처리를 여러 대로 분산할 경우에 유효합니다. 예를 들어 웹 시스템과 같은 대량의 접속에 대해 데이터의 리턴 처리를 여러 대로 분산하는 것은 비교적 쉽게 실현됩니다. 또한 여러 대가 있기 때문에 1대가 고장 나도 시스템을 멈추지 않고 수행할 수 있다는 장점도 있습니다. 단, 여러 대를 어떻게 구성해서 접속할 것인지, 시스템 안으로 들어오는 처리들을 어떻게 분산시킬 것인지 등에 대한 고려가 필요합니다.

데이터베이스로 스케일 아웃을 실현하는 수단의 하나로서 리플리케이션(replication, 7-9절 참조)이 있습니다.

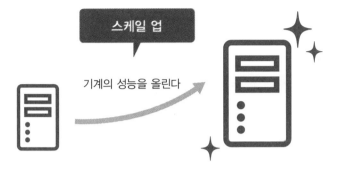

그림 7-15 스케일 업 이미지

스케일 업

기계의 성능을 올린다

그림 7-16 스케일 아웃 이미지

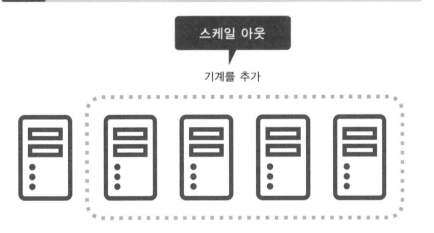

스케일 아웃

기계를 추가

Point

✔ 시스템의 처리 능력을 향상하는 수단으로 스케일 업과 스케일 아웃이 있다.
✔ 기계의 성능을 올리는 접근법을 스케일 업, 기계의 숫자를 늘리는 접근법을 스케일 아 웃이라고 한다.

7-9 리플리케이션(replication)

≫ 데이터베이스를 복제하여 운용한다

처리를 분산시켜 가용성을 높인다 ////////////////////////////////

데이터베이스에서 스케일 아웃을 실현하는 기능으로서 **리플리케이션**이 있습니다. 리플리케이션에 의해 원천 데이터베이스로부터 동일한 내용의 데이터베이스를 복제하고 데이터를 동기화해서 사용할 수 있습니다. 복제의 원천 데이터베이스 내용이 갱신되었을 경우 그 내용을 복제한 데이터베이스에도 반영시킬 수 있습니다.

대량으로 처리할 필요가 있는 경우 보통 1개의 데이터베이스로 처리가 집중되어 버리지만, 리플리케이션을 통해 같은 내용의 데이터베이스를 여러 개 생성해 두면 그만큼 처리를 분산시킬 수 있어 부하를 줄일 수 있습니다.

그 밖에도 가용성을 올리기 위한 사용법도 있습니다. 어느 한쪽 데이터베이스에 장애가 발생한 경우에도 다른 쪽 정상적인 데이터베이스에 처리를 맡김으로써 시스템을 지속적으로 운용할 수 있습니다(그림 7-17).

리플리케이션 기능을 사용한 예 ////////////////////////////////

리플리케이션을 사용해 데이터베이스의 부하 분산을 실시한 예가 그림 7-18입니다. 이번 구성에서는 원천 데이터베이스(마스터)를 복제하여 리드 리플리카(Read replica)라고 불리는 데이터베이스를 생성했습니다. 리드 리플리카는 읽기 전용 데이터베이스로, 데이터 갱신은 마스터 데이터베이스에서 실시하고 마스터 데이터베이스의 변경 내용이 리드 리플리카에 반영되는 흐름입니다.

데이터 읽기가 주가 되는 데이터베이스에서는 이렇게 구성함으로써 읽을 때의 부하를 분산시킬 수 있어 성능을 향상할 수 있습니다.

그림 7-17 리플리케이션의 역할

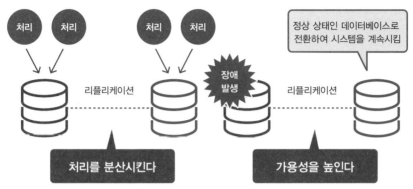

처리　처리　　처리　처리

리플리케이션　　장애 발생　　리플리케이션

정상 상태인 데이터베이스로 전환하여 시스템을 계속시킴

처리를 분산시킨다　　**가용성을 높인다**

그림 7-18 리플리케이션을 사용한 구성 예시

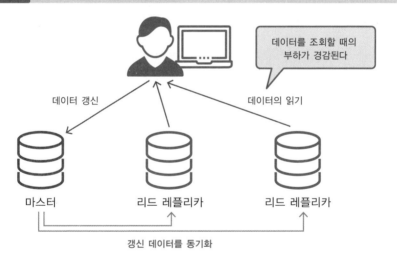

데이터를 조회할 때의 부하가 경감된다

데이터 갱신　　데이터의 읽기

마스터　　리드 레플리카　　리드 레플리카

갱신 데이터를 동기화

Point

✔ 리플리케이션 기능을 사용하면 원천 데이터베이스로부터 동일한 내용의 데이터베이스를 복제하여 데이터를 동기화할 수 있다.

✔ 리플리케이션에 의해 처리를 분산시켜 부하를 줄이거나 가용성을 올릴 수 있다.

7-10

SQL 인젝션(injection)

≫ 외부에서 데이터베이스가 조작되는 문제

정보 유출이나 페이지 조작의 대표적인 원인 \\\\\\\\\\\\\\\\\\\\\\\\\\\\\\\\\\\

웹 사이트에서 정보가 유출되거나 페이지가 조작되었다는 사건이 뉴스가 되었던 적
이 있는데, 대표적인 원인으로 **SQL 인젝션**이라는 공격방법이 있습니다. SQL 인젝션
은 폼(form) 등 사용자가 임의로 입력할 수 있는 항목에 공격자가 부정한 SQL 문장
을 입력함으로써 본래 열람할 수 없는 정보를 빼내거나 정보를 변경할 수 있는 취약
점입니다. 이 기법으로 인해 회원의 연락처나 신용카드 정보가 유출된 사례가 다수
있으며 심각한 피해를 입을 수 있는 취약점이라 할 수 있습니다.

SQL 인젝션 구조 \\

예를 들면, 사이트 내에 입력 양식 중에서 사용자의 아이디를 입력하면 그 아이디의
사용자를 검색할 수 있는 기능이 있다고 합시다. 여기에 「123」을 입력하면 데이터베
이스 상에서는 「SELECT * FROM users WHERE id = 123;」이라고 하는 SQL이
실행되고 페이지 상에 그 정보가 표시되는 것이 일반 흐름입니다. 그러나 그림 7-19
와 같이 이 입력 양식에 「1 OR 1 = 1」을 입력하면 데이터베이스 상에서는 「SELECT
* FROM users WHERE id = 1 OR 1 = 1;」이라고 하는 SQL이 실행됩니다. 이
SQL 문장은 모든 사용자의 정보를 얻게 되는 SQL입니다. 이렇게 SQL을 수정하는
방식을 응용해서 부정하게 정보를 얻거나 수정, 삭제를 하게 됩니다.

SQL 인젝션에 대한 대책 \\

일반적인 대책은 입력 값에 이스케이프(escape) 처리를 하는 것입니다. 사용자가 자
유롭게 입력할 수 있는 값을 그대로 SQL로 이용하지 않고 문자열로 취급하는 형태
로 변환한 후에 SQL로 적용합니다. 그 외에도 WAF(Web Application Firewall)
를 도입해 부정한 접속을 차단함으로써 SQL 인젝션의 리스크를 억제할 수 있습니다
(그림 7-20).

208 Chapter 7 데이터베이스를 지키기 위한 지식

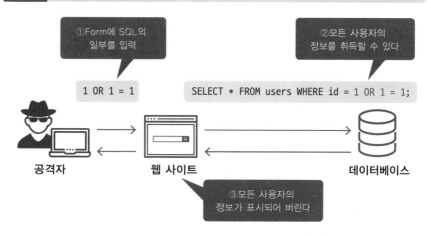

그림 7-19 SQL 인젝션의 구조

①Form에 SQL의
일부를 입력

②모든 사용자의
정보를 취득할 수 있다

1 OR 1 = 1

SELECT * FROM users WHERE id = 1 OR 1 = 1;

공격자   웹 사이트   데이터베이스

③모든 사용자의
정보가 표시되어 버린다

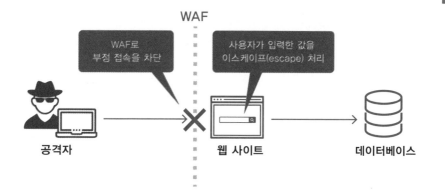

그림 7-20 SQL 인젝션에 대한 대책

WAF

WAF로
부정 접속을 차단

사용자가 입력한 값을
이스케이프(escape) 처리

공격자   웹 사이트   데이터베이스

Point

✔ 사용자가 임의로 입력할 수 있는 항목에 공격자가 부정한 SQL문을 입력함으로써 본래 열람할 수 없었던 정보를 빼내거나 변경하거나 할 수 있게 되는 취약점을 SQL 인젝션 이라고 부른다.

✔ 입력된 값의 이스케이프 처리나 WAF 도입과 같은 대책이 있다.

Chapter
7

외부에서 데이터베이스가 조작되는 문제

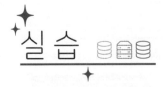
실습

데이터베이스에 대한 위협을 생각해 봅시다

물리적 위협, 기술적 위협, 인적 위협 각각에 대해 데이터베이스에 악영향을 미치는 사례를 생각해 봅니다. 또한 다른 어떤 사례가 있는지 인터넷을 통해 찾아봅니다.

물리적 위협

◆

◆

기술적 위협

◆

◆

인적 위협

◆

◆

위협에 의해 초래되는 피해는 경우에 따라서는 대규모가 될 가능성이 있습니다. 예를 들면 국내에서도 부정한 접속으로 인해 기업이 보유하고 있는 수십만 수백만 건의 개인정보가 유출되어 회사에 큰 손해가 초래된 사례가 많이 있습니다. 한 번 피해를 당하면 기업의 신뢰가 떨어지고 손해를 입은 고객에 대한 보상 등으로 인하여 회사의 존속에도 영향을 주는 사태가 될 수도 있습니다. 이러한 리스크를 최소화하기 위해 위협을 올바르게 이해하고 방지 대책을 실시하는 것이 중요합니다.

Chapter 8

데이터베이스 활용

애플케이션으로 데이터베이스를 사용

Database

≫ 소프트웨어를 사용하여 데이터베이스에 접속

직감적인 조작이 가능하게 되다 //

데이터베이스를 취급할 때의 기본은 제3장에서 소개한 것처럼, 명령어를 사용하는 조작이 기본입니다. 하지만 개발자가 아니라면 명령어를 사용하는 조작을 쉽게 할 수 없기 때문에, 보다 간단하게 데이터베이스를 조작하는 방법으로 **클라이언트 소프트웨어**를 사용하는 방법이 있습니다.

여러 소프트웨어가 공개되어 있는데, 데이터를 보기 쉽게 정리하여 표시해 주거나 표 계산 소프트웨어와 같이 필요한 작업을 메뉴에서 선택하여 직관적으로 조작할 수 있게 되어 있습니다(그림 8-1). 데이터베이스에 대해서 간단한 조작이나 데이터 확인을 하는 경우라면 이러한 소프트웨어를 이용하는 편이 보다 편리할 것입니다. 다만, 데이터베이스와 관련된 모든 조작을 할 수 있는 것은 아닙니다. 소프트웨어에서 제공하는 기능에 없는 조작은 할 수 없기 때문에 주의해야 합니다.

그 외에도 ER 다이어그램 생성이나 입력값 보완, 성능(performance) 확인과 같이 원래 데이터베이스에는 없는 기능이 구현되어 있는 것도 있기 때문에 데이터베이스 관리에 도움이 될 수 있습니다.

클라이언트 소프트웨어를 사용하다 //

주요 클라이언트 소프트웨어를 8-2절에서 소개합니다. 클라이언트 소프트웨어는 제조사가 개발한 것도 있고 오픈 소스로 공개된 것도 있으며 유료인 것부터 무료인 것까지 다양합니다. 또한 데이터베이스 관리 시스템에 따라 사용할 수 있는 소프트웨어가 한정되어 있습니다.

데이터베이스에 접속할 때는 소프트웨어에서 데이터베이스의 호스트명이나 사용자명, 패스워드를 설정하여 이용하는 경우가 많습니다.

그림 8-1 클라이언트 소프트웨어를 사용하는 장점

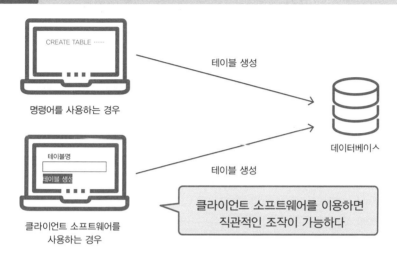

CREATE TABLE ⋯⋯

테이블 생성

명령어를 사용하는 경우

데이터베이스

테이블명

테이블 생성

테이블 생성

클라이언트 소프트웨어를 이용하면
직관적인 조작이 가능하다

클라이언트 소프트웨어를
사용하는 경우

그림 8-2 주요 클라이언트 소프트웨어 목록

소프트웨어 명	대응하는 데이터베이스 관리 시스템	설명
Sequel Pro	MySQL	Mac에서만 동작
MySQL Workbench	MySQL	ER 다이어그램 작성 및 성능(performance) 확인도 할 수 있어 많은 환경에서 동작 가능
phpMyAdmin	MySQL	웹 브라우저에서 조작할 수 있다
pgAdmin	PostgreSQL	다양한 환경에서 동작 가능
A5:SQL Mk-2	Oracle Database, PostgreSQL, MySQL 등	입력값 보완, 쿼리 분석, ER 다이어그램 작성 등도 가능

Point

✔ 클라이언트 소프트웨어를 이용하면 직관적인 조작으로 데이터베이스를 다룰 수 있다.

✔ 원래의 데이터베이스에는 없는 기능이 포함되어 있는 소프트웨어도 있으므로 데이터베이스 관리에 유용하게 사용할 수 있다.

≫ 애플리케이션에서 데이터베이스 사용 예시

데이터베이스와 연계된 애플리케이션 //

소프트웨어나 웹 상에서 동작하는 도구(tool) 중에는 데이터베이스와 연계해서 이용하는 것도 있는데, 대표적인 것으로 **WordPress**가 있습니다.

WordPress는 블로그를 만들 때 사용하는 도구로 유명한 소프트웨어인데, 관리 화면에서 기사를 올리거나 디자인을 변경할 수 있으며 프로그램 지식이 없어도 비교적 쉽게 블로그 사이트를 만들 수 있게 하는 도구입니다. 처음부터 사이트를 만들어야 하는 수고를 덜어주고 커스터마이즈도 유연하게 할 수 있기 때문에 블로그 사이트뿐만 아니라 다양한 형태의 사이트에서 이용되게 되었습니다. 이 중에서 기사의 내용이나 사이트의 설정 내용 등이 데이터베이스를 이용해서 관리되고 있습니다.

WordPress와 데이터베이스 연계 //

WordPress를 이용하는 경우에는 별도의 MySQL 데이터베이스를 이용해야 합니다. WordPress 설치 시 처음에 데이터베이스 명이나 사용자명, 비밀번호를 지정하여 데이터베이스와 연계하면 자동으로 애플리케이션 내에서 필요한 테이블이 생성됩니다. 설치 후에는 관리 화면에서 기사를 게시, 편집, 삭제하면 해당 내용이 테이블에 반영됩니다. 또한 게재한 기사를 표시할 때에는 테이블에서 해당 데이터를 가져와서 페이지에 표시하는 구조입니다. 관리 화면에서 페이지의 커스터마이즈를 실시하는 경우도 있지만, 이러한 설정 내용을 저장하는 곳에서도 데이터베이스를 이용할 수도 있습니다(그림 8-4).

이와 같이 특히 웹이나 스마트폰 앱 상에서 데이터를 저장하거나 그것을 표시해야 하는 애플리케이션의 대부분은 뒤에서 데이터베이스가 이용되고 있습니다. 애플리케이션을 개발하고 구축하는 데 있어 데이터베이스는 필수적인 존재입니다.

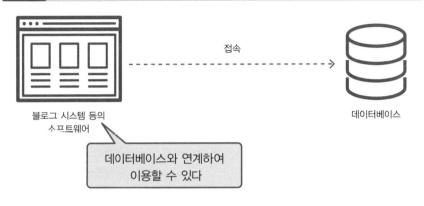

그림 8-3 데이터베이스와 연결된 애플리케이션

접속

블로그 시스템 등의
소프트웨어

데이터베이스

데이터베이스와 연계하여
이용할 수 있다

그림 8-4 WordPress와 데이터베이스 관계

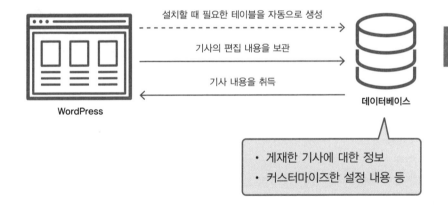

설치할 때 필요한 테이블을 자동으로 생성

기사의 편집 내용을 보관

기사 내용을 취득

WordPress

데이터베이스

Chapter
8

애플리케이션에서 데이터베이스 사용 예시

· 게재한 기사에 대한 정보
· 커스터마이즈한 설정 내용 등

Point

✔ 소프트웨어나 웹에서 동작하는 도구(tool) 가운데 데이터베이스와 연계하여 이용하는
  것도 있다.

✔ 블로그 개발 도구로 유명한 WordPress는 기사 내용이나 맞춤 설정 내용을 저장하기
  위해 데이터베이스를 이용하고 있다.

≫ 프로그램에서 데이터베이스를 사용한다

라이브러리 및 드라이버를 사용한 데이터베이스 연계 ////////////////////////

프로그램을 사용해 업무를 효율화하거나 데이터를 분석하기 위한 데이터 저장 장소로서 데이터베이스를 이용하고 있습니다. 이와 같은 경우에는 프로그램에서 데이터베이스를 조작할 필요가 있는데, 이를 위해 **라이브러리**나 **드라이버**라고 하는 것을 사용하고 있습니다. 라이브러리나 드라이버는 프로그램과 데이터베이스를 중개하는 역할을 합니다(그림 8-5).

예를 들어 Ruby라는 프로그램 언어를 사용하는 경우를 생각해 봅시다. Ruby는 대표적인 프로그래밍 언어 중 하나로 특히 웹 서비스를 개발하는데 많은 도움을 받을 수 있습니다. 이 Ruby를 사용하여 데이터베이스 관리 시스템이 MySQL 데이터베이스와 연계할 때에는 mysql2라는 대표적인 라이브러리가 있는데, 이것을 도입함으로써 접속할 수 있습니다. 또한 데이터베이스 관리 시스템이 PostgreSQL인 경우에는 pg라는 라이브러리를 이용하고 있습니다. 마찬가지로 다른 언어에서도 각각의 데이터베이스 관리 시스템에 대응하는 라이브러리나 드라이버를 도입함으로써 프로그램에서 데이터베이스에 비교적 쉽게 접속할 수 있습니다.

프로그램에서 데이터베이스를 조작하다 ////////////////////////

그림 8-6은 Ruby를 이용해서 데이터베이스를 조작하는 프로그램 예시입니다. 우선 첫 번째 줄에서 라이브러리를 읽고, 두 번째 줄에서는 라이브러리를 사용해서 데이터베이스에 접속하고 있습니다. 이때, 데이터베이스의 사용자명이나 패스워드를 지정함으로써 데이터베이스에 접속할 수 있습니다. 그리고 세 번째 줄에서 SQL을 실행해서 users 테이블에서 정보를 가져오고, 그다음 줄에서는 취득한 데이터를 표출하고 있습니다.

이러한 형태로 프로그램에서 데이터베이스에서 데이터를 취득하거나 등록할 수 있습니다.

그림 8-5 프로그램에서 데이터베이스에 접속하는 이미지

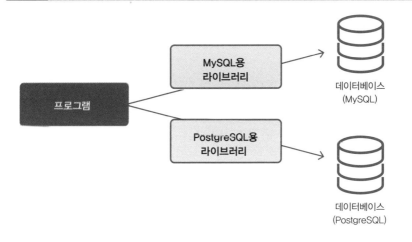

그림 8-6 Ruby를 이용해서 데이터베이스를 조작하는 프로그램 예시

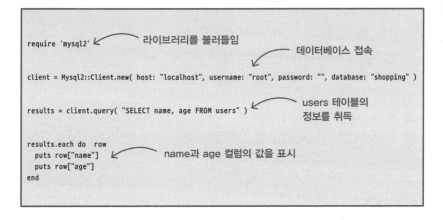

> **Point**
> ✔ 프로그램에서 데이터베이스를 조작할 때는 라이브러리나 드라이버를 사용한다.
> ✔ 라이브러리나 드라이버의 이미지는 프로그램과 데이터베이스를 중개하는 역할

≫ 프로그램 언어에 맞는 형식으로 데이터베이스를 취급한다

프로그램 언어 같은 형태로 데이터베이스를 취급하다 \\\\\\\\\\\\\\\\\\\\\\\\\\\\\\\\\\\\\\

8-3절에서 프로그램에서 데이터베이스에 접속하는 방법을 소개했는데, 이대로라면 프로그램에 「SELECT * FROM users」와 같은 SQL 문장을 기술할 필요가 있습니다. 이와 같이 어떤 프로그램 언어 안에서 별도의 SQL 언어가 등장하게 되는 상태라면 프로그램에는 SQL 문장을 조립하기 위한 처리를 구현해야 할 수도 있고, 데이터베이스에서 취득한 데이터를 프로그램에서 다룰 수 있는 형태로 변경해야 합니다. 이러한 것들은 고려해야 하는 사항이 많은 매우 힘든 작업이므로 그다지 효율적이지 않습니다.

이 문제를 없애기 위해 프로그램 언어 특유의 기술 형식과 데이터 구조로 데이터베이스를 취급하기 위한 구조가 O/R 매핑(mapping)입니다. O/R 매핑을 통해서 자연스럽게 프로그램에서 데이터베이스를 다룰 수 있게 되었습니다. 또한 이 역할을 담당하는 것을 O/R 매퍼(mapper)라고 합니다(그림 8-7).

O/R 매퍼는 프레임워크(애플리케이션 개발을 보다 빠르고 간단하게 하기 위한 모형이 되는 도구) 등에 도입되어 있습니다. 예를 들어 웹 애플리케이션을 개발하기 위한 대표적인 프레임워크인 Ruby on Rails에서는 「ActiveRecord」, Laravel에서는 「Eloquent ORM」이라는 O/R 매퍼가 도입이 되어 있습니다.

Ruby on Rails로 데이터베이스를 취급한다 \\

그림 8-8은 Ruby on Rails에서 데이터베이스를 조작하는 프로그램 예시입니다. Ruby on Rails 형식으로 프로그램이 기술되어 있는데 그 내용에 따라서 뒷면에서는 데이터베이스에 상응하는 SQL이 실행되고 있습니다. 이렇게 O/R 매퍼를 통해서 SQL 문장을 프로그램 안에 기술할 필요 없이 자연스러운 형태의 언어로 데이터베이스를 이용할 수 있습니다.

그림 8-7 O/R 매핑의 개념

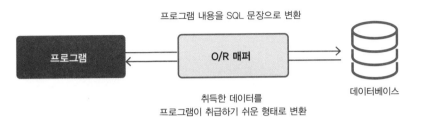

프로그램 내용을 SQL 문장으로 변환

취득한 데이터를
프로그램이 취급하기 쉬운 형태로 변환

그림 8-8 Ruby on Rails에서 데이터베이스를 조작하는 프로그램 예시

뒷면에서는 SQL로 변환되어 데이터베이스에서 실행된다.

Ruby on Rails

```
User.all
```
↘ SELECT * FROM users;

```
User.create(name: "yamada", age: 21)
```
↗ INSERT INTO users (name, age) VALUES ('yamada', 2

```
User.where(age: 30).order(:id)
```
↘ SELECT * FROM users WHERE age = 30 ORDER BY id;

```
user = User.find_by(id: 10)
user.name = "suzuki"
user.save
```
↘ UPDATE users SET name = 'suzuki' WHERE id = 10;

Point

✔ SQL을 의식하지 않고 프로그램 언어 특유의 기술 형식이나 데이터 구조로 데이터베이스를 다루는 구조를 O/R 매핑(mapping)이라고 한다.

✔ O/R 매핑의 역할을 담당하는 것은 O/R 매퍼(mapper)이며, 프레임워크 등에 도입되어 있다.

≫ 클라우드 서비스 활용

외부 사업자의 서비스를 이용한다 //

데이터베이스를 이용하는 방법에는 외부 사업자가 제공하는 클라우드 서비스를 사용하는 방법이 있습니다(6-1절 참조). 이러한 서비스에서는 외부 사업자가 미리 보유하고 있는 기기나 소프트웨어를 네트워크를 통해서 이용할 수 있기 때문에 자체적으로 필요한 것을 조달할 필요 없이 Web에서 24시간 언제든지 데이터베이스를 구축할 수 있습니다(그림 8-9). 또한 사용한 만큼만 비용이 부과되는 요금 체계를 가지고 있는 서비스가 많아서 필요할 때 필요한 만큼의 서비스를 이용할 수 있습니다. 스케일 업이나 스케일 아웃을 실시하는 것도 플랜이나 설정을 변경하는 것만으로 간편하게 할 수 있기 때문에, 부하가 올라가는 날이나 시간대에서만 일시적으로 서버의 성능을 올리는 것도 할 수 있어 매우 편리한 서비스입니다.

대표적인 서비스로는 **Amazon RDS, Cloud SQL, Heroku Postgres** 등을 들 수 있습니다(그림 8-10).

클라우드 서비스를 사용하는 절차 ///

클라우드 서비스의 데이터베이스는 다음과 같은 절차를 통해 이용합니다.

❶ 데이터베이스를 제공하는 사업자의 사이트에 접속하여 계정을 등록한다.

❷ 새로운 데이터베이스를 생성하다.

❸ 데이터베이스의 호스트 이름과 사용자 이름, 패스워드가 발행된다.

❹ ❸에서 발행된 정보로 데이터베이스에 접속하여 이용한다.

최소 몇 분이면 설정이 끝나고 사용할 수 있으므로 데이터베이스의 이용 문턱을 낮출 수 있습니다. 또한 데이터베이스 관련 설비에 대한 관리를 외부 업체가 수행해 주기 때문에 이용자는 애플리케이션 개발에 집중할 수 있다는 장점도 있습니다.

그림 8-9	클라우드 서비스 개념

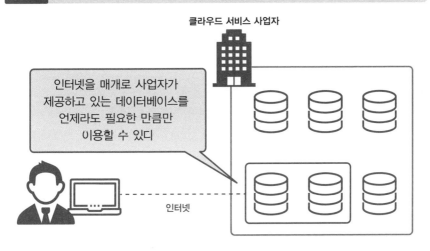

클라우드 서비스 사업자

인터넷을 매개로 사업자가
제공하고 있는 데이터베이스를
언제라도 필요한 만큼만
이용할 수 있디

인터넷

그림 8-10	주요 클라우드 서비스 목록

서비스 명	대응하고 있는 데이터베이스 관리 시스템	설명
Amazon RDS	MySQL, PostgreSQL, Oracle, Microsoft SQL Server 등	Amazon에서 제공하고 있는 서비스로, 백업이나 리플리케이션 기능 등을 탑재
Cloud SQL	MySQL、PostgreSQL、SQL Server	Google이 제공하고 있는 서비스로, Amazon RDS와 동일하게 비교적 고기능
Heroku Postgres	PostgreSQL	다른 서비스와 비교하면 기능이 많지 않아 세세 한 설정은 할 수 없지만, 그만큼 최소한의 설정으 로 사용할 수 있어 이용 장벽이 낮다

Chapter
8

클라우드 서비스 활용

Point

✔ 클라우드 서비스를 사용하면 자체적으로 기기를 준비하지 않아도 웹에서 언제든지 필
요한 만큼 데이터베이스를 이용할 수 있다.

✔ 스케일 업(scale up)이나 스케일 아웃(scale out)도 웹에서 손쉽게 수행할 수 있다.

≫ 데이터를 고속으로 취득한다

데이터 취득 성능을 올리는 캐시 \\

한 번 이용한 데이터를 읽기 속도가 빠른 디스크 영역에 일시적으로 보존해 두고, 다시 동일한 데이터를 이용할 경우에 고속으로 읽을 수 있게 하는 구조를 캐시라고 합니다.

가까운 예로는 인터넷 브라우저가 있습니다. 브라우저로 페이지를 표시할 때 한 번 읽었던 이미지 등의 파일들을 수중에 보관해 두고, 2번째 이후부터 동일한 페이지를 읽을 때 이용하는 것으로 페이지를 고속으로 표시하고 있습니다(그림 8-11).

이러한 캐시의 기능을 데이터베이스에 도입함으로써 데이터 취득 성능을 높일 수 있습니다.

데이터베이스에서 캐시를 사용한다 \\\

데이터베이스에서 데이터를 고속으로 읽기 위하여 캐시를 이용하고 있습니다. 특히 빈번히 읽게 되는 데이터나 변경 빈도가 적은 데이터를 대상으로 캐시를 이용하면 좋은 효과를 기대할 수 있습니다.

예를 들어 쇼핑 사이트의 전날 인기 상품 랭킹 페이지의 경우를 생각해 봅시다. 데이터베이스에서 랭킹 순으로 데이터를 취득하는 프로세스의 처리가 무거우면 데이터베이스에 부하가 걸리며, 전날 랭킹은 변동되는 일이 없는데도 페이지에 접속이 발생할 때마다 무거운 처리를 매번 실행하는 것은 매우 효율이 좋지 않습니다. 데이터베이스로부터 취득한 결과를 다른 영역에 보존해 두고 2번째부터는 다른 영역에 보존해 두었던 데이터를 참조함으로써, 데이터베이스에 대한 접속을 줄일 수 있어 결과적으로 고속으로 데이터를 취득할 수 있게 되었습니다(그림 8-12).

이러한 캐시의 구조는 스스로 준비할 수도 있지만 데이터베이스와 연계한 프레임워크나 소프트웨어에 미리 도입되어 있는 경우도 있습니다.

그림 8-11　Web 브라우저의 캐시 사용 예시

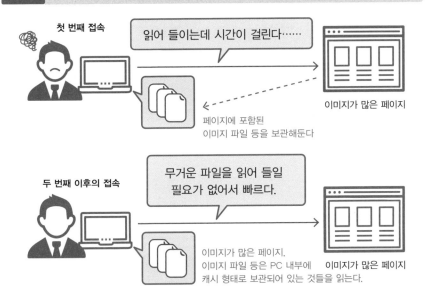

그림 8-12　데이터베이스에서 캐시를 이용하는 예시

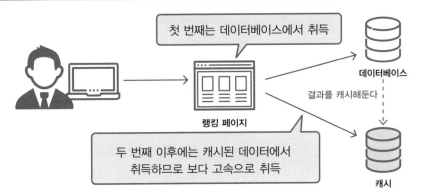

Point

✔ 빈번하게 이용하게 되는 데이터를 고속으로 읽어 들일 수 있도록 보관해 두는 구조를 캐시(cache)라고 한다.

✔ 데이터베이스에 캐시를 이용함으로써 데이터를 고속으로 취득할 수 있다.

≫ 대용량의 데이터를 모아서 분석한다

빅데이터 활용 //

매출 향상이나 업무 효율화를 위해서 **빅데이터**가 활용되는 사례가 있습니다. 빅데이터는 거대한 데이터의 덩어리로 비즈니스 현장의 다양한 상황에서 유용하게 활용됩니다.

예를 들어 생선 가게를 운영하고 있는 입장이라면 계절이나 생선의 종류, 산지, 가격, 맛 등의 데이터를 고려하여 생선을 구입해야 합니다. 또한 구입한 생선을 가게에 진열할 때 어떤 생선이 얼마에 어느 정도 팔렸는지, 구매자의 연령층, 시간대 등의 정보를 분석함으로써 매출 상승과 재고 관리에 도움이 됩니다. 또한 어디에 두고 어떤 방법으로 하면 잘 팔리는지도 데이터로 축적해 둘 수 있습니다. 이러한 모든 정보를 데이터베이스에 모아 두면, 언제, 어느 종류의 물고기를 얼마로 어느 정도 구입하면 좋은지, 가게에 무엇을 어떻게 전시하면 매상이 높아지는지 최적화할 수 있습니다(그림 8-13).

이것은 어디까지나 일례이지만, 실제로 소매점에서 매출 향상, 고객의 요구에 맞은 상품 제조, 쇼핑 사이트에서의 추천 기능 등 다양한 장면에서 빅데이터가 활용되고 있습니다(그림 8-14).

빅데이터에 요구되는 데이터베이스 ////////////////////////////////

디지털화가 진행되는 가운데 스마트폰이나 센서 등을 통해 사람의 위치 정보나 행동 이력 등 방대한 정보를 얻을 수 있게 되었습니다. 이러한 데이터를 관리하기 위해서는 대용량의 데이터를 취급할 수 있어야 합니다. 테라 바이트(Tera Byte)나 페타 바이트(Peta Byte) 등 아주 큰 단위의 데이터를 이용하는 사례도 있습니다. 또한 분석하는 데이터는 문자뿐만이 아니라 이미지나 음성, 동영상 등 다방면에 존재하고 있기 때문에 다양한 형식의 데이터에도 대응할 수 있어야 합니다. 그리고 행동이나 결제 같이 끊임없이 발생하는 데이터를 위해서 빠른 처리속도가 요구될 것입니다.

현재는 이러한 조건을 만족시키는 도구(tool)나 기술이 누구든지 사용할 수 있는 형태로 보급되고 있어 대기업 이외에서도 빅데이터의 활용이 확대되고 있습니다.

그림 8-13 소매점에서 빅데이터 활용

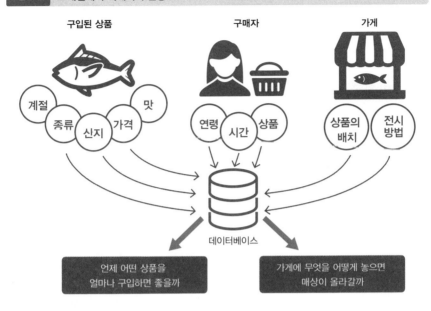

구입된 상품   구매자   가게

계절 / 맛 / 종류 / 신지 / 가격 / 연령 / 시간 / 상품 / 상품의 배치 / 전시 방법

데이터베이스

언제 어떤 상품을 얼마나 구입하면 좋을까

가게에 무엇을 어떻게 놓으면 매상이 올라갈까

Chapter

8

대용량의 데이터를 모아서 분석한다

그림 8-14 빅데이터의 활용 예시

소매점의 매출 증가

비즈니스 확대

상품의 제조·재고 수량 최적화

비용 감소

{추천}

구입 이력을 기반으로 한 추천 기능

새로운 비즈니스 창출

Point

✔ 빅데이터 기술을 통해 방대한 데이터 분석을 실현할 수 있어서 비즈니스에 효과적으로 활용할 수 있다.

✔ 빅데이터는 비즈니스의 확대나 비용의 삭감, 새로운 비즈니스의 신설 등에 유용하게 사용되고 있다.

» 데이터를 학습하는 애플리케이션에서 활용 예

AI에서의 활용

최근 체스나 바둑 대국에서 **AI(인공지능)**가 인간에게 승리를 거둔 것이 큰 화제가 되었고 이 사건으로 인하여 AI의 눈부신 발전과 그것이 가져올 가능성을 세상에 널리 알리게 되었습니다. 인간이 하는 예측과 판단을 대신해주는 AI는 이미지 인식, 음성 인식, 자율주행, 스팸 메일 필터, EC(electronic commercial, 전자상거래)의 상품 추천, 얼굴인식, 챗봇 등 다양한 분야에서 응용되며 생활을 편리하게 만드는데 활용되고 있습니다.

이 AI를 실현하기 위한 기술로서 자주 거론되는 이름이 **기계학습**입니다. 이것은 프로그램에게 대량의 데이터를 학습시켜 예측이나 판단을 하는 모델을 이끌어내는 기술입니다. 예를 들면, 메일에서 스팸 필터를 도와주는 방법 중 하나로 기계학습이 들어가 있습니다. 방대한 스팸 메일과 그렇지 않은 메일 데이터가 수집된 데이터베이스를 프로그램에서 학습시켜 스팸 메일 여부를 판정하는 데 이용하고 있습니다(그림 8-15).

챗봇(chatbot) 구조

최근 웹 사이트에서는 Q&A 페이지 대신 채팅으로 AI에게 질문할 수 있는 기능을 갖춘 페이지를 볼 수 있습니다. 또한 스마트폰이나 스마트 스피커 같은 단말기에게 말을 하기만 하면 목적하는 조작을 자동적으로 해 주는 제품도 보급되고 있습니다. 이러한 것에도 AI · 기계학습이라고 하는 기술이 응용되고 있어서 음성을 수신하면 어떠한 의도인지 인식하여 대화용 데이터베이스로부터 학습한 방대한 데이터를 이용해서 목적에 맞는 응답이나 조작을 실시하고 있습니다. 또한 받아들인 질문과 대답 내용을 데이터베이스에 저장해서 학습에 이용함으로써, 날마다 AI의 정확도를 높여 가는 방법도 이용되고 있습니다(그림 8-16).

그림 8-15 기계학습을 사용한 스팸 메일 판단

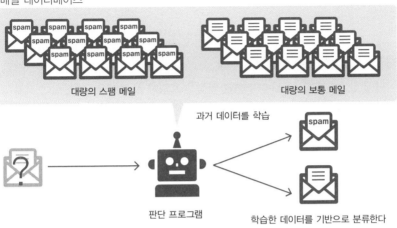

메일 데이터베이스

대량의 스팸 메일

대량의 보통 메일

과거 데이터를 학습

spam

판단 프로그램

학습한 데이터를 기반으로 분류한다

그림 8-16 챗봇의 구조

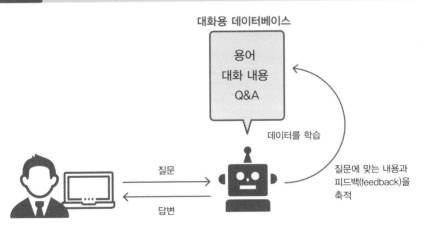

대화용 데이터베이스

용어
대화 내용
Q&A

데이터를 학습

질문

답변

질문에 맞는 내용과
피드백(feedback)을
축적

Chapter
8

데이터를 학습하는 애플리케이션에서 활용 예

Point

✔ AI 개발에 이용되는 기계학습은 프로그램에 대량의 데이터를 학습시킴으로써 예측과
판단을 하는 모델을 만드는 기술

✔ 기계학습 분야에도 데이터베이스가 이용되고 있다.

≫ AI를 삽입한 데이터베이스

더욱 편리해지는 데이터베이스

데이터베이스 자체에 AI(인공지능)의 기능을 도입한 **AI 데이터베이스** 같은 제품도 나오고 있습니다.

IBM이 발표한 「IBM Db2 the AI database」에는 여러 장소에 흩어져 개별 관리되는 데이터를 집약하여 횡적인 분석을 가능하게 하거나 SQL을 더 좋은 결과를 얻기위해 튜닝(tuning)해 주는 기능과 SQL 문장 대신에 「월평균 매출」이라는 말로 데이터를 검색할 수 있게 해 주는 기능이 설치되어 있습니다. 매출 결과를 그래프로 표시하거나 장래 예측을 하는 기능 등 지금까지의 데이터베이스를 초월한 사용방법도 가능하게 되었습니다(그림 8-17). 이러한 기능에 의해 한층 더 데이터의 관리나 분석이 편리해지는 것 이외에도 전문가가 아닌 담당자도 데이터베이스에 접속할 수 있게되었습니다.

데이터베이스 이제부터는

데이터베이스에는 데이터를 편리하게 다루기 위해 등록, 정리, 검색 같은 기능이 있지만, 그 기능들을 만든 목적은 데이터를 효율적으로 저장해서 웹 페이지에 표시하거나 분석 결과를 통해 비즈니스에 도움이 되는 것이라고 생각합니다. 그 목적을 달성하기 위해 필요한 도입이나 설계, 데이터 관리는 여기서 소개하고 있는 AI 데이터베이스와 같이 지금까지 보다 더욱더 쉽고 편리하고 빨라져 갈지도 모릅니다.

디지털 사회가 발전하는 가운데, 오늘도 데이터는 계속 증가하고 있습니다. 동시에이를 지탱하는 데이터베이스에게 요구되는 성능이나 역할도 확대될 것입니다. 앞으로도 데이터베이스는 나날이 진화하면서 생활을 편리하게 하기 위한 기반으로서 활약해 나갈 것으로 기대됩니다(그림 8-18)

그림 8-17 AI가 도입된 데이터베이스

매월 매출은?

데이터베이스 내부의 AI 기능

이와 같은
결과가 됩니다.

그림 8-18 진화되어가는 데이터베이스

이러한 것들로부터 데이터는
계속 증가되고 이용 가격이 올라간다

데이터베이스의
역할이나 요구되는
성능은 높아져 간다

Point

✔ 데이터베이스 자체에 AI를 도입함으로써 데이터 관리나 취득을 자동으로 최적화해 주는 제품도 등장하고 있다.

✔ 전문가 이외에 담당자도 데이터베이스에 접속할 수 있게 되었다.

실습

데이터베이스를 구축해 봅시다

자신의 PC에 MySQL을 설치하고 데이터베이스를 만들어 봅시다. 도중에 명령어 조작이 필요한 작업도 있습니다. 명령어를 실행하기 위한 애플리케이션으로서 Mac에서는 「터미널」, Windows에서는 「명령어 프롬프트」가 처음부터 설치되어 있으므로 그것들을 사용할 수 있습니다.

① 데이터베이스 관리 시스템을 사용할 수 있도록 한다

자신의 PC에 MySQL을 인스톨합니다. 인터넷에서 검색하면 다양한 설치 방법을 알 수 있습니다. 일례로 Mac의 경우 Homebrew를 사용해 설치하는 방법이 있고, Windows의 경우는 공식 사이트에서 다운로드할 수 있는 인스톨 프로그램(installer)을 사용하는 방법이 있습니다.

② 데이터베이스를 기동한다

데이터베이스를 기동하기 위한 명령어를 실행합니다.

③ 데이터베이스 관리 시스템에 접속한다

명령어를 이용하여 데이터베이스에 접속합니다. 그 외 인터넷에 공개되어 있는 클라이언트 소프트웨어를 이용하여 접속하는 방법도 있습니다.

④ 데이터베이스를 생성한다

제3장에서 소개한 SQL을 이용하여 데이터베이스나 테이블을 생성합니다. 또한 생성한 테이블에 레코드를 추가하거나 편집, 삭제를 해 봅시다.

데이터베이스의 설계 예시를 봅시다

인터넷에 애플리케이션 데이터베이스 설계 사례가 공개되어 있기도 하니 참고하기 바랍니다. 예를 들어 블로그를 구축하는 도구(tool)로 유명한 WordPress에서는 MySQL을 사용하고 있으며, 테이블명이나 컬럼명, 데이터 타입 등이 공개되어 있습니다.

용어집

'➡' 뒤에 숫자는 관련된 본문 절

AI (➡ 8-8)
학습이나 문제를 해결함에 있어 인간과 같은 지적인 기능을 갖게 한 시스템

AUTO_INCREMENT 속성 (➡ 4-11)
컬럼에 자동으로 연속된 번호를 저장하는 제약

DEFAULT (➡ 4-7)
컬럼에 초깃값을 설정할 수 있는 제약. 이 제약을 설정한 컬럼에 값을 세팅하지 않고 레코드를 추가한 경우에는 미리 지정해 놓은 초깃값이 저장된다.

Dump (➡ 6-7)
데이터베이스의 내용을 파일로 출력한 것

ER 다이어그램 (➡ 5-7、5-8、5-9)
엔티티와 릴레이션십을 나타낸 그림. 개념 모델, 논리 모델, 물리 모델과 같은 종류가 있다.

FOREIGN KEY (➡ 4-13)
컬럼에 지정한 다른 테이블의 컬럼에 존재하는 값밖에 저장할 수 없게 하는 제약

Homonym (➡ 5-15)
같은 이름인데 다른 뜻을 가진 말. 동음이의어

NoSQL (➡ 2-5)
릴레이셔널형 이외의 데이터베이스 관리 시스템을 가리킨다.

NOT NULL (➡ 4-9)
컬럼에 NULL을 저장할 수 없도록 하는 제약

NULL (➡ 4-8)
'아무것도 없다'는 것을 나타내는 값. 값이 미입력임을 명시적으로 나타낼 수 있다.

O/R 매퍼 (➡ 8-4)
O/R 매핑을 담당하는 역할을 가지는 것. 프레임워크(애플리케이션 개발을 보다 빠르고 간단하게 하기 위한 모형이 되는 툴) 등에 도입되고 있다.

O/R 매핑 (➡ 8-4)
SQL을 의식하지 않고 프로그램 언어 특유의 기술 형식이나 데이터 구조로 데이터베이스를 취급하는 구조

PRIMARY KEY (➡ 4-12)
컬럼에 다른 레코드와 중복되는 값이나 NULL을 저장할 수 없게 하는 제약

Relational 형 (➡ 2-1)
행과 열을 가진 2차원의 표에 데이터를 저장하는 데이터 모델. 복수의 표를 조합함으로써 다양한 데이터를 나타낼 수 있다.

Relationship (➡ 5-6)
엔티티끼리 관계. 1대다, 다대다, 1대1의 종류가 있다.

Restore (➡ 6-7)
덤프 파일로부터 데이터를 복원하는 것

Running Cost (➡ 6-3)
시스템 도입 후에 매월 드는 비용

Scale out (➡ 7-8)
컴퓨터의 수를 늘려 처리를 분산하는 것으로 시스템의 처리 능력을 높이는 수단

Scale up (→ 7-8)
메모리나 디스크, CPU를 증설하거나 보다 고성능의 제품으로 대체하는 것으로 시스템의 처리 능력을 높이는 수단

Slow 쿼리 (→ 7-6)
실행에 시간이 걸리는 SQL 문

Social Engineering (→ 7-3)
사람의 심리나 행동의 틈을 타 중요한 정보를 입수하는 수단

Synonym (→ 5-15)
다른 이름인데 같은 뜻을 가진 말

SQL (→ 1-6)
데이터베이스에 명령을 보내기 위한 언어

SQL 인젝션 (→ 7-10)
사용자가 임의로 입력할 수 있는 항목에, 공격자가 부정한 SQL 문을 입력함으로써 본래 열람할 수 없는 정보를 빼내거나 변경할 수 있는 취약성

UNIQUE (→ 4-10)
컬럼에 다른 레코드와 중복된 값을 저장할 수 없도록 하는 제약

계층형 (→ 2-1)
나무가 갈라지듯, 한 부모에 여러 아이가 매달려 있는 형태의 데이터 모델.

그래프형 (→ 2-7)
관계성을 표현할 수 있는 모델

기계학습 (→ 8-8)
프로그램에 대량의 데이터를 학습시켜, 예측이나 판단을 실시하는 모델을 이끌어내는 기술

기술적 위협 (→ 7-2)
프로그램이나 네트워크를 통해서 공격을 해 시스템에 문제를 일으키는 요인. 부정 액세스나 컴퓨터 바이러스, DoS 공격, 도청 등을 예로 들 수 있다.

내부결합 (→ 3-21)
지정한 컬럼 값이 일치하는 데이터만 결합하여 얻는 방법

네트워크형 (→ 2-1)
데이터를 그물망 형태로 나타내는 데이터 모델

데드락 (→ 4-17)
복수의 트랜잭션 처리가 동시에 같은 데이터를 조작함으로써 서로 상대의 처리가 종료되기를 기다리는 상태가 되어 다음 처리가 진행되지 않게 되어 버리는 상태

데이터 (→ 1-1)
수치나 텍스트, 일시 등 하나하나의 자료

데이터베이스 (→ 1-1)
복수의 데이터를 한 곳에 정리해 모아놓아 유효하게 활용할 수 있도록 한 것. 데이터의 등록, 정리, 검색이 가능하다는 특징이 있다.

데이터베이스 관리 시스템(DBMS) (→ 1-3)
대용량의 데이터를 취급하기 위해서 필요한 기능이 설치된 시스템. 기본적으로 데이터베이스를 조작할 때는 데이터베이스 관리 시스템에 지시를 보낸다. 사용자와 데이터베이스 사이에서 데이터베이스를 보다 편리하고 안전하게 사용할 수 있도록 관리하는 역할을 한다.

데이터형 (→ 4-1)
각 컬럼에 지정하는 데이터의 형식. 숫자, 문자열, 날짜, 시간을 다루는 형태 등이 있다. 컬럼에 저장할 값의 포맷을 갖출 수 있고 값을 어떻게 다룰 것인지 정해 놓을 수 있다.

레코드 (→ 2-2)
테이블의 행에 해당하는 부분

로그 (→ 6-5)
컴퓨터에 대해서 행해진 조작 이력이나, 시스템의 가동 상황 등을 기록한 파일. 데이터베이스

에 있어서는 슬로우 로그나 에러 로그라고 불리
는 것이 있다.

롤백 (→ 4-16)
트랜잭션 내의 처리를 취소하고 트랜잭션 시작
시점 상태까지 되돌린 것

리플리케이션 (→ 7-9)
데이터베이스에서 스케일 아웃을 실현하는 기
능의 하나. 바탕이 되는 데이터베이스로부터 같
은 내용의 데이터베이스를 복제해 데이터를 동
기화해 사용할 수 있는 기능

문서 지향형 (→ 2-7)
JSON이나 XML로 불리는 계층 구조를 가진 형
식의 데이터를 저장할 수 있는 모델

물리적 위협 (→ 7-1)
물리적으로 시스템에 손실을 일으키는 요인. 자
연재해에 의한 기기 파손이나 장애, 불법침입에
의한 기기 도난, 노후화로 의한 기기 고장 등을
예로 들 수 있다.

백업 (→ 6-6)
데이터 파손에 대비하여 복제를 생성해 두는 것

복호화 (→ 6-8)
암호화된 데이터를 원래대로 되돌리는 처리

불 값(Boolean value) (→ 4-5)
프로그램 세계에서 참(true)과 거짓(false) 두 종
류의 값을 의미한다. ON인가 OFF인가라고 하
는 2개의 상태를 표현할 경우에 이용되는 것이
많다.

빅데이터 (→ 8-7)
날마다 축적되어 가는 다양한 형식의 거대한 데
이터의 집합체

속성 (→ 4-6)
컬럼에 값을 어떤 규칙으로 다듬어 저장하기 위
한 설정. 연번을 자동적으로 저장하는 「AUTO_
INCREMENT」 속성 등이 있다.

암호화 (→ 6-8)
어떤 데이터를 다른 사람이 읽을 수 없는 정보
로 변환하는 기술

에러 로그 (→ 7-4)
데이터베이스에서 발생한 에러 이력이 기록된
파일. 에러가 발생한 일시, 에러 코드, 에러 메시
지, 에러 레벨 등이 출력되고 있다.

엔티티 (→ 5-5)
보관 내상이 되는 실체 데이터 속에 등장하는
인물이나 물건을 가리킨다.

오픈 소스 (→ 1-5)
소스 코드가 공개되어 누구라도 자유롭게 사용
할 수 있게 되어 있는 소프트웨어

온프레미스 (→ 6-1)
자사의 설비로 데이터베이스를 운용하는 방법

외부결합 (→ 3-22)
지정한 컬럼 값이 일치하는 데이터를 결합하고,
거기에 더하여 원래 테이블에만 존재하는 데이
터도 가져오는 방법

외부 키 (→ 4-13)
컬럼에 지정한 다른 테이블의 컬럼에 존재하는
값밖에 저장할 수 없게 하는 제약

요건정의 (→ 5-1, 5-4)
현재의 문제에 대해서, 그것을 해결하기 위해서
어떠한 시스템으로 할지를 결정하는 과정

인덱스 (→ 7-7)
데이터 취득 시간을 단축하기 위한 구조. 책의
색인과 같은 형태로 검색용으로 최적화된 데이
터 구조를 마련함으로써 실현되고 있다.

인적 위협 (→ 7-3)
인간에 의한 실수나 부정행위에 의해서 손실을
일으키는 요인. 오조작, 분실, 놓고 내리기, 소셜
엔지니어링 등을 예로 들 수 있다.

정규화 (→ 5-10)
데이터베이스 내의 데이터를 정리하는 순서. 데이터의 중복을 줄여, 관리하기 쉬운 구조로 정돈할 수 있다.

제약 (→ 4-6)
컬럼에 저장할 수 있는 값을 지정하기 위한 제한. 「NOT NULL」이나 「UNIQUE」, 「DEFAULT」 등의 제약이 있다.

주 키 (→ 4-12)
컬럼에 다른 레코드와 중복되는 값이나 NULL을 저장할 수 없게 하는 제약.

중간 테이블 (→ 5-18)
다대다 관계를 테이블로 나타내기 위해 2개의 테이블 사이에 설치하여 양자를 관련 짓기 위한 테이블

증분 백업 (→ 6-6)
이전 백업 이후의 변경분만 백업하는 방식

진위값 (→ 4-5)
프로그램 세계에서 참(true)과 거짓(false) 두 종류의 값을 의미한다. ON인가 OFF인가 라는 2개의 상태를 표현할 경우에 이용되는 것이 많다.

차분 백업 (→ 6-6)
풀백업 후 추가된 변경분을 백업하는 방식

초기비용(Initial Cost) (→ 6-3)
최초로 시스템을 도입할 때에 드는 비용

캐시 (→ 8-6)
한 번 이용한 데이터를 빠르게 읽을 수 있는 장소에 일시적으로 보존해 두어, 다시 같은 데이터를 이용할 때 고속으로 읽을 수 있도록 해 두는 구조

커밋 (→ 4-15)
일련의 트랜잭션에 포함되는 처리가 성공했을 때 그 결과를 데이터베이스에 반영시킨다.

컬럼 (→ 2-2)
테이블의 열에 해당하는 부분

컬럼 지향형 (→ 2-6)
1개의 행을 식별하는 키에 대해 복수의 키와 밸류 세트를 가질 수 있게 되어 있는 모델

클라우드 (→ 6-1)
인터넷을 통해서 외부의 시스템을 이용하는 방법

키 밸류형 (→ 2-6)
키(Key)와 밸류(Value)의 2개 데이터를 쌍(Pair)으로 저장해 나갈 수 있는 모델

테이블 (→ 2-2)
관계형 데이터베이스에서 이른바 데이터를 저장하기 위한 표에 해당하는 것

테이블 결합 (→ 2-3, 3-20)
관계형 데이터베이스에서 여러 관련 테이블끼리 조합하여 데이터를 취득하는 방법

트랜잭션 (→ 4-14)
데이터베이스에 대해 이루어지는 복수의 처리를 정리한 것

풀 백업 (→ 6-6)
모든 데이터를 백업하는 방식

프라이머리 키 (→ 4-12)
컬럼에 다른 레코드와 중복되는 값이나 NULL을 저장할 수 없게 하는 제약

필드 (→ 2-2)
각 레코드 안에 있는 하나하나의 입력 항목

그림으로 배우는
데이터베이스

1판 1쇄 발행 2022년 7월 5일
1판 2쇄 발행 2023년 11월 1일

저   자   사카가미 코오다이
역   자   양성건
발 행 인   김길수
발 행 처   (주)영진닷컴
주   소   서울시 금천구 가산디지털1로 128
           STX-V타워 4층 영진닷컴 기획1팀
등   록   2007. 4. 27. 제16-4189호

©2022., 2023. (주)영진닷컴

ISBN | 978-89-314-6692-8

'그림으로 배우는' 시리즈

"그림으로 배우는" 시리즈는 다양한 그림과 자세한 설명으로
쉽게 배울 수 있는 IT 입문서 시리즈 입니다.

그림으로 배우는
C++ 프로그래밍
2nd Edition

Mana Takahashi 저
592쪽 | 18,000원

그림으로 배우는
자바 프로그래밍
2nd Edition

Mana Takahashi 저
600쪽 | 18,000원

그림으로 배우는
서버 구조

니시무라 야스히로 저
240쪽 | 16,000원

그림으로 배우는
데이터 과학

히사노 료헤이, 키와키 타이치 저
240쪽 | 16,000원

그림으로 배우는
HTTP&Network

우에노 센 저
320쪽 | 15,000원

그림으로 배우는
클라우드 2nd Edition

하야시 마사유키 저
192쪽 | 16,000원

그림으로 배우는
알고리즘

스기우라 켄 저
176쪽 | 15,000원

그림으로 배우는
네트워크 원리

Gene 저
224쪽 | 16,000원

그림으로 배우는
보안 구조

마스이 토시카츠 저
208쪽 | 16,000원

그림으로 배우는
SQL 입문

사카시타 유리 저
352쪽 | 18,000원

그림으로 배우는
파이썬

다카하시 마나 저
480쪽 | 18,000원

그림으로 배우는
C 프로그래밍
2nd Edition

다카하시 마나 저
504쪽 | 18,000원